KB022027

장자이야기

나비에서 꿩으로

장자이야기

나비에서 꿩으로

일승 양방웅 지음

이서원

차 례

머리말

「북쪽 바다에는 곤鯤이라는 큰 물고기가 붕鵬이라는 엄청 큰 새로 탈바꿈했다네. 그리고 거대한 날개짓을 하면서 회오리바람을 타고 9만 리 고공으로 치솟아 오른 붕새는 6개월을 날개짓 없이 날아가 마침내 이상향 천지天池에 도달했다네.」

《장자》 책의 서막을 장식하고 있는 붕정만리鵬程萬里 이야기입니다. 이 글을 읽다보면 가슴이 시원하게 뻥 뚫리면서 쌓인 스트레스가 저절로 풀리는 기분을 느낄 수 있는데 이런 유익한 우화들이 많아 마음이 답답하고 괜히 우울해질 때 가볍게 읽는 책이기도 합니다.

《장자》를 호방한 해학소설의 원조로 보기도 하고, 중국 역사상 걸출

한 10대 문학명저 중에서 으뜸으로 꼽기도 합니다.

장자의 글에는 이야기형식을 빌린 비유적인 표현이 많습니다. 장자는 '생사'를 만물 변화의 한 과정으로 보았습니다. '생生'은 이 세상에 잠시 나타나 유람하는 것이고, '사死'는 유람을 끝내고 본래의 고향으로 돌아가는 위대한 귀향이라는 뜻으로 '대귀大歸'라고 불렀습니다. 그래서 죽음을 슬픈 일로 여기지도 않았고, 불로장생을 추구하지도 않았습니다. 그저 사물이 변화하는 흐름에 따라 자유를 추구하면서, 현실 정치와는 거리를 두고 유유자적하며 생활하였습니다.

이야기 중에 유가들의 고루한 행태를 비꼬는 글들이 자주 나옵니다. 유가들은 인간사회의 질서유지에 관점을 두고 예절을 강조합니다. 장자는 이들이 공자를 내세워 인의仁義를 말하면서 허세를 부리고, 자기들끼리만 정을 주고받는 위선적 유학자를 비판하지만, 장자가 인의의 본 개념을 부정한 것은 아닙니다.

장자가 살았던 전국시대는 수단방법을 가리지 않고 상대를 죽이고 내가 살아야하는 살벌한 시대였지요. 그 때의 상황은 2300여 년이 지난 지금의 현 상황을 비춰보게 하는 거울입니다. 그때와 지금을 비교해보면 변함없는 큰 특징 하나를 발견할 수 있습니다. 그것은 여전히 명리名利를 추구하는 간 큰 대도大盜들이 권력을 쥐고 있고, 또 패거리들이 파벌을 만들어 자기들끼리만 정을 주고받으며 활개치고 있다는 점입니다.

"허리띠 고리 하나 훔친 좀도둑은 엄한 처벌을 받고, 부정으로 나라를 훔친 대도는 통치자가 되어 인의를 말하고 도리를 주장한다면, 그런 나라에는 도덕이라는 규범이 존재하는 게 아니라, 그걸 도적질한 장물이 있는 것이 아닌가?"라는 도척盜, 〈외편〉 '거협'이야기가, 지금도 실감 나는 세상입니다.

그러나 조울증이나 우울증과 같은 신경정신질환이 만연하고 있는 현 시대는 중국의 전국시대보다도 심각해 보입니다. 우리나라의 노인 빈곤율과 자살률은 세계 최고수준입니다. 빈부 격차가 심한 우리 사회에서 가난은 그 자체로 형벌입니다. 돈이 자유와 삶의 의지를 빼앗아 가버리는데도, 사회는 외롭고 가난한 자를 더욱 소외시키고 있습니다. 우려할 일은 삶의 고통을 이겨내지 못하고 자신을 포기해버리는 연령층이 계속 낮아지고 있다는 점입니다.

각박한 세상만을 탓할 수도 없는 일입니다. 방이 비어 있어야 생기가 돌듯이 마음도 비어 있어야 명랑한 기운이 생겨납니다. 또 "뱁새가 숲 속에 집을 짓는 데는 나뭇가지 한 개만 있으면 된다."고 했습니다. 욕심은 줄일 수 있으면 좀 더 줄이고, 의지할 가지가 하나라도 있으면 감사한 마음 지녀야지요. 어제의 영광이나 내일의 꿈보다도, 바로 지금 여기에서 내가 내 삶의 주인이 되어 웃고 울고 노래 부르며 사는 게 행복의 요체입니다. 《장자》 속에서 그렇게 사는 길을 찾을 수 있을 것입니다.

2015년 9월 일승

본문 이해를 돕기 위한 길잡이

노자는 누구인가?

춘추전국시대에 '노자'로 불리는 사람들이 많았다. 대표적인 인물이 《사기史記》에 나오는 노담老聃, 태사담太史儋, 노래자老萊子이다. 이들 도가의 원로들을 통틀어 노자라고 호칭한 것이다. 이들 중에서 춘추시대에 공자에게 '예禮'를 가르쳐 준 사람은 '노담'이다. 춘추시대 말에 초간본楚簡本 《노자》의 갑조甲組와 을조乙組를 지은 사람은 노담으로 보고, BC380년경 5천자 《노자》를 지어 윤희에게 준 사람을 태사담으로 추정한다. 초간본의 병조丙組와 태일생수조太一生水組는 윤희가 지었다고 한다. 태사담의 작품은 한비자韓非子를 거쳐 1973년에 백서본《덕도경》으로 출토되었다. 백서본은 초간본보다 250여 년 후에 지은 것이다. 그러므로 노자[노담]사상의 진수는 초간본에서 찾아야 한다.

장자는 누구인가?

장자(莊子, 기원전 369~286)에 관한 최초의 기록은《사기》〈노장신한열전〉에 나온다. 본 이름은 장주莊周이고, 노자보다 200년쯤 후인 전국시대에 송나라 몽蒙 지방에서 태어났다. 그곳은 지금의 하남성 상구商丘 동북부지방으로, 맹자가 사는 동네에서 지도상 직선거리로 200km 정도이니 그리 멀지 않은 곳이고, 그들이 살던 때도 비슷했다. 그러나 장자가 누추한 곳에서 은둔생활을 했기 때문인지 그 둘은 서로 모르고 지낸 것 같다. 장자는 철학자이면서 만물의 변화를 감상하는 미학자이다.

'춘추전국시대'의 시대구분

중국 역사교과서에 의하면, 춘추시대는 동주가 건국된 때로부터 공자가 죽은 때까지, 즉 BC770년부터 BC476년까지를 말하고, 전국시대는 BC475년부터 진시황이 천하를 통일한 BC221년까지로 구분하고 있다.

노장老莊사상의 전승

〈노자와 장자〉를 일컬어 '노장'이라고 부른다. 노장의 핵심사상은 자연·유약·청정무위이다. 노장사상의 전승계통은 사관史官들로 이어지는 학파와 은자隱者들로 이어지는 학파로 나눈다.

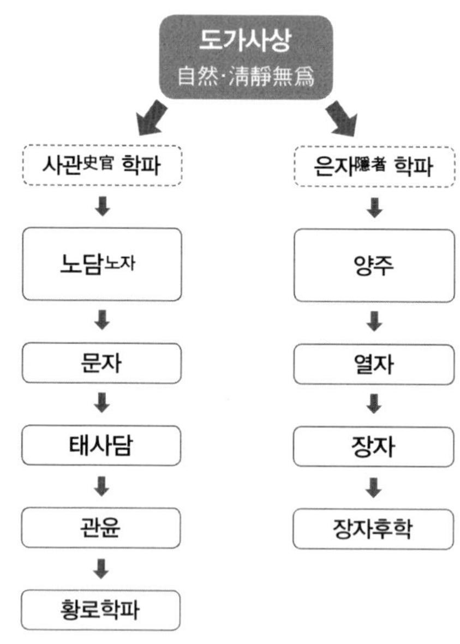

도가사상 전승계통도(郭沂, 책 756쪽)

※ 황로학黃老學: 한漢나라 초기 진秦나라의 폭정에 지친 민심을 달래기 위해 나온 국가 통치이념. 전설상의 황제黃帝의 통치술과 노자의 무위의 정치이념을 결합한 간소한 정치를 말한다.

사관학파는 〈노담老聃 → 문자文子 → 태사담太史儋 → 관윤자(關尹子: 尹喜) → 황로학파〉를 든다. 황로학파는 도가사상을 바탕으로 하고, 그 위에 유가·묵가·법가·음양가등의 사상을 융합한 학파로써, 한나라 초기에 흥성했으며, 훗날 도교 등장의 시원이 된다. 사관학파는 현실정치와 가까이 지내면서 무소불위의 막강한 권력을 지닌 통치자와 지배 계층에게 수신과 치국의 방법을 강조한다. 이런 면에서 유가와 맥이 통한다.

은자학파는 〈양주楊朱 → 열자列子 → 장자 → 장자 후학〉을 든다. 이들은 현실정치에서 멀리 벗어나 은둔하여 유유자적한 생활을 하면서 생명의 자유와 만물과의 소통을 중시하고, 유가의 허례허식을 비판한다. 이런 면에서 유가들과 거리가 멀다. 후대에 유가와 도가의 갈등이 여기에서 싹이 튼다. 다시 말해 유가는 사관학파와는 친숙하지만, 은자학파와는 소원하다는 점이다. 장자는 은자를 대표하는 사상가이다.

용어의 이해

이 책에 나오는 〈태일太一·도道·덕德·대종사大宗師·신귀신제神鬼神帝·조물자造物者·신명神明〉 등과 같은 비범한 용어에 관한 개념 정립은 초간본《노자》〈태일생수〉에서 실마리를 찾았다. 태일과 도는 둘 다 우주의 본체이나, 태일을 신(神 God)으로, 도를 신령(神靈 the Sprit of God)으로, 신명을 음양의 작용으로 보는 것이다. 이러한 개념은 이 책을 읽어 가면서 이해하리라고 본다.

성인聖人은 누구인가?

聖은 인의예지仁義禮智의 품성을 통섭하여 옥음(玉音 화음)을 내고, 천지만물의 변화를 꿰뚫어보는 신통력을 의미한다. 聖의 기운은 타자를 위한 순수한 마음으로 움직인다. 이 책에 등장하는 '성인'은 기본적으로 이러한 덕성을 지닌 사람을 이르는 말이다. 그리하여 성인이 통치자가 되어 덕정德政을 펼치면 천하평天下平의 이상사회를 건설할 수 있다고 보고 있다. 그래서 군주나 통치자를 '성인'으로 칭해 이상적인 사회 실현을 염원한다. 그러나 '성인'으로 불리면서 덕성이 결핍된 통치자도 있어, 이 책의 내용 중에는 그런 통치자 '성인'을 비판하는 이야기도 있다는 것을 알아둬야 한다.

이 책의 구성

오늘날에 알려진 《장자》라는 책은 진晋나라 때 곽상(郭象기원후 252~312)이 여러 기록에서 33개 장을 수집하여, 이를 내편 7개 장·외편15개 장·잡편11개 장으로 분류해서 정리한 것이다. 내편은 장자가 직접 쓴 가장 오래된 작품이고, 외편·잡편은 후학들이 쓴 작품이라고 한다.

이 책은 장자의 저작으로 보는 내편의 7개 장에 중점을 두었다. 외편은 15개 장에서 8개 장, 잡편은 11개 장에서 5개 장만을 골라 [부록]으로 첨부하였다. 장자 원문에 충실하면서도 흔히 보고 듣는 고사성어를 많이 소개하여 최대한 읽기 쉽게 옮겼다.

도움이 된 책:

1996.6. 우현민, 《장자》, 박영사.

1999.12. 김용옥, 《노자와 21세기 下》, 통나무.

2000.10. 오강남, 《장자》, 현암사.

2001.2. 郭沂, 《郭店竹簡與先秦學術思想》〈庄子〉, 上海敎育出版社.

2003.1. 《庄子》, 暨南大学出版社.

2010.1. 于丹, 《莊子》心得, 台北, 聯經出版社.

2013.4. 流沙河, 《莊子現代版》, 北京.

2013.4. 강신주, 《장자&노자》, 김영사.

2013.6. 푸페이룽 傅佩榮, 심의용 옮김,《장자교양강의》, 돌베개.

2013.11. 야오간밍 姚淦銘, 손성하 번역, 《노자강의》, 김영사.

2013.11. 曾珮琦, 《老莊思想》, 台北, 易博士文化.

2013.12. 高談文化編輯部, 《莊子及其寓言故事》, 台北.

2014.4. 왕방슝 王邦雄, 전병술 옮김, 《장자, 치유지향 治癒之鄕》, 모시는사람들.

어떻게 살아야 할까? 붕새처럼 뜻을 높고 원대한 창공에 두고 소요유逍遙遊의 삶을 누리는 것이다. 장자는 모든 속박에서 벗어나 천지의 기운에 마음을 싣고 자유롭게 노니는 경지를 '소요유'라 했다. 다시 말하면 명리(名利 명예와 이익)를 추구하며 다투는 험한 세상사 모두 잊어버리고, 아무런 속박 없이 어느 것에도 의지함이 없이 지내는 '승물이유심乘物以遊心'의 경지다. 이것이 인생에서 가장 행복한 삶이라는 것이다.

제1장

유유자적의 삶

소요유逍遙遊

「春有百花秋有月, 봄에 꽃피고 가을에 달이 밝고,

夏有凉風冬有雪; 여름에 시원한 바람 불고 겨울에 눈 내리는데,

若无閒事在心頭, 부질없는 생각만 마음에 없다면

俱是人生好時節. 언제나 인생은 즐거운 것이라네.」

– 宋, 〈무문화상无門和尚〉

01

붕정만리鵬程萬里

조생모사朝生暮死·무시비상无翅飛翔

1.1 북해에 물고기 한 마리가 살았는데, 이름을 '곤鯤'이라 했어요. 곤의 크기가 몇천 리인지 알 수 없었습니다. 곤이 탈바꿈해서 큰 새가 되었는데 이름을 '붕(鵬 붕새)'이라 불렀습니다. 붕새의 등 길이가 몇천 리가 되는지 알 수가 없었답니다. 붕새는 파도치고 바람이 일 때 기운을 얻어 하늘로 날아오르는데 그 날개가 마치 하늘 끝까지 펼쳐진 구름 같았지요. 이 새는 멀리 남해로 날아갔는데, 그곳이 '천지(天池 이상향)'라고 불리는 하늘나라의 큰 연못이랍니다.

1.2 괴이한 일들을 모은《제해齊諧》라는 책에도 "붕새가 남해로 날아갈 때 파도가 3천 리나 일었고, 거대한 회오리바람을 타고 9만 리 고공

으로 치솟아 올랐다. 그리고 6개월을 날아가서야 내려와 쉬었다."는 이야기가 나옵니다.

아지랑이가 피어오르고 바람 따라 먼지가 나르는 것 모두가 생물들이 숨 쉬며 활동하는 공간에서 이뤄지는 것이지요. 하늘은 푸른데, 이게 하늘의 본래 색깔일까요? 하늘은 아득한데, 설마 그 끝이 없을까요? 붕새가 9만 리 고공에서 내려다보아도 역시 이런 모습이겠지요.

1.3 다시 말해 수심이 깊지 않으면 큰 배를 띄울 힘이 없습니다. 한 잔의 물을 오목한 땅에 부으면 지푸라기 같은 풀잎이나 그 위에 띄울 수 있지만, 잔을 놓으면 바닥에 닿아버리고 맙니다. 수심은 얕은데 띄운 것이 너무 무겁기 때문입니다.

만일 바람의 힘이 아주 강하지 않으면 큰 붕새를 띄우게 할 힘을 얻지 못할 것입니다. 9만 리 고공으로 날아오르려면 먼저 강한 바람이 아래에서 떠받쳐 준 다음에야 그 바람을 타고 오를 수 있는 것이지요. 그래야 푸른 하늘을 등에 지고 거침없이 남쪽을 향하여 날아갈 수 있는 것입니다.

매미와 뱁새가 붕새가 날아가는 것을 보고 웃었습니다.

매미와 뱁새: 우리는 힘껏 날아보아야 겨우 느릅나무 숲에 이를 뿐이고, 때로는 거기에도 못 미쳐 땅에 내려앉고 마는데, 어찌 9만 리 고공에 올라가 남쪽 천지까지 간다는 말이오?

가까운 들에 나가려면 세끼 밥만 가지고 가도 돌아올 때까지 배가 좀 부르고, 백 리 길을 가려면 하룻밤에 먹을 양식을 준비해 가야 하며, 천 리 길을 가려면 석 달 먹을 양식을 준비해 가야 합니다. 그런데 붕새는 무얼 먹고 그 먼 길을 날아갈 수 있을까? 매미와 뱁새 같은 미물들이 어찌 이런 까닭을 알 수 있겠습니까?

1.4 소인의 지혜를 가진 자[小知]로서 대인의 지혜를 가진 자[大知]를 이해할 수 없으며, 단명한 자[小年]가 장수한 자[大年]의 삶을 이해할 수 없지요. 어떻게 이런 것을 알 수 있을까요? 아침에 태어났다가 저녁에 죽는 짧은 삶을 사는 하루살이[조생모사朝生暮死]나 햇빛을 보면 죽는 균[朝

菌이 한 달의 시간을 알지 못하고, 여름 한철 살다가 죽는 매미는 봄과 가을을 모르고, 사계절이 무엇인지 알지 못합니다. 이를 '소년小年'이라고 합니다.

초楚나라 남쪽 바다에 명령冥靈이라는 거북이가 살았는데 5백 년이 봄이었고, 5백 년이 가을이었지요. 옛날에 춘椿이라는 나무는 봄이 8천 년이었고, 가을이 8천 년이었어요. 이 정도는 되어야 '대년大年'이라 합니다.

그런데 8백여 년을 살았다는 팽조彭祖라는 사람이 오래 살았다고 지금까지 이름이 전해오고 있어요. 사실 단명한 것에 불과한 그의 삶을 사람들이 부러워하고 있으니, 이거야 정말 슬픈 일이 아닌가요?

1.5 상商나라 탕湯왕의 물음에 신하 극棘이 이렇게 대답했어요.

〈이 이야기는 앞에 나오는 붕새 이야기와 다른 부분이 있다.〉

『북쪽 불모지대의 끝에 천지라고 부르는 큰 바다에 한 마리의 물고기가 살았는데 그 폭이 수천 리나 되고, 길이는 알 수가 없었습니다. 이름을 곤이라 합니다. 또 붕이라는 새도 있었는데, 그 등은 태산 같고, 날개는 하늘에 드리운 구름 같았습니다. 양의 뿔처럼 말려 올라가는 회오리바람을 타고 구름 위로 9만 리를 솟아오른 다음에, 푸른 하늘을 등에 지고 남쪽 바다로 날아갔습니다.

메추리가 마침 날아가는 붕새를 보고 비웃었습니다.

메추라기: 저 새는 어디로 날아간단 말인가? 나는 힘껏 날아올라도 몇 길도 못 오르다가 내려앉고, 기껏 풀밭 사이를 날아다닐 뿐인데, 도대체 저 붕새는 저렇게 날아서 어디로 가려는 것이야?

이런 것이 그릇이 작은 것과 큰 것과의 차이를 구별할 수 있는 이야기[소대지변小大之辯]입니다.』

이 장은 크기가 몇천 리나 되는 곤이라는 물고기가 붕새로 변화하여 9만 리나 되는 높은 하늘로 솟구쳐 올라가, 6개월이나 걸려 이상향인 천지로 날아갔다는 이야기로 소요유逍遙遊의 서막을 장엄하게 열고 있다. 〈'붕새가 6월에 불어오는 태풍을 타고 9만 리 고공으로 올라가 날아갔다.'는 뜻으로 번역한 책들이 있다.〉

이를 '붕정만리鵬程萬里'라 부른다. 붕새가 엄청난 회오리바람을 일으켜서 그 기운으로 하늘 높이 날아오르듯이, 자연에서의 변화는 그 변화를 일으킬 만한 기운이 있어야 이뤄진다. 변화를 일으키는 기운은 활기活氣이고, 이를 '바람'이라 했다. 작은 변화는 작은 바람이 모여 이뤄지고, 큰 변화는 큰 바람이 모여야 이뤄지는 것이다.

변화는 아무 때나 이뤄지는 것이 아니다. 변화를 일으킬 수 있는 적당한 때가 있다. 배는 바람 세가 좋아야 돛을 달고 바다로 나갈 수 있고, 붕새는 다음과 같은 단계를 거쳐야 목적지까지 날아갈 수 있는 것이다.

1. 대풍待風 단계: 모든 준비를 마치고 바람 세가 가장 좋은 때를 기다리는 단계
2. 승풍乘風 단계: 이상적인 바람이 불어오는 그때를 놓치지 않고 바람을 타고 큰 날개를 힘차게 퍼덕여 9만 리 고공에 오르는 단계. 강한 바람과 날개의 기운이 합쳐져야 하늘로 솟구쳐 오를 수 있다.
3. 배풍背風 단계: 바람을 등에 지고 바람과 함께 날아가는 긴 여정의 단계
4. 기풍棄風 단계: 바람의 영향에서 벗어나 날개의 움직임이 필요 없는 세계에 진입한 단계

무시비상无翅飛翔
날개짓 없이 음양의 기운만으로 날아간다.

바람에 의지하는 단계는 소요유의 경지에 진입하지 못한 단계이다. 붕새가 기풍의 단계에 들어가 무시비상을 해야 진정한 붕새가 된다. 이것이 바로 '절대자유'를 누리는 진정한 소요유의 경지다.

얕은 웅덩이에는 지푸라기 같은 풀잎을 띄울 수 있는 작은 기운이 있고, 바다에는 큰 배를 띄울 수 있는 큰 기운이 있다. 사람은 저마다 지닌 꿈의 크기에 따라 살아가는 무대가 다르다. 매미와 비둘기처럼 좁은 숲 속에서 만족해하며 소박하게 살아가는 사람도 있고, 붕새처럼 광대하고 고원한 삶의 무대에서 사는 사람이 있다. 누가 더 행복한 삶을 누리는가?

붕새가 아무리 높이 올라가고 멀리 날아간다고 해도 무궁한 우주 안에서는 한 점도 안되는 공간일 뿐이다. 장자는 '지식은 불행의 근원'이라고 했다. 미물들은 붕새가 살아가는 삶의 무대를 모른다. 단지 자신들이 살아가는 좁

은 공간을 넓다고 보고 만족해하며 살고 있다. 만물은 각각 저마다의 삶의 방식이 있는 것이다. 사람도 저마다 삶의 방식이 있기 때문에 행복을 서로 비교하여 논할 수는 없는 일이다.

저마다의 방식에 따라 살아가는 가운데에서도 마음의 여유를 찾아 만족할 줄 알면 항상 즐거울 것이며, 사는 것이 행복일 것이다. 사람은 자유롭게 꿈을 펼치고 살아갈 수 있는 혼이 있기에 미물들과 다르다. 붕새보다 더 멀리 우주 끝까지도 날아가 유유자적하게 노닐 수도 있다. 그것이 사람으로서 지닌 특권이다. 마음껏 상상의 날개를 펴고 우주 곳곳을 날아다니자.

붕새가 붕정만리 먼 길을 날아갈 수 있는 것은 자신을 옭아매는 집착과 기댐을 시원스럽게 털어버렸기 때문이다. 그런데 미물들은 무언가에 기대고 살려는 버릇이 있기에 좁은 삶의 터전에서 탈출하지 못하고 살아간다. 닭장 안으로 스스로 찾아 들어가 사는 닭과 같은 삶을 '자발적 노예'라고 부른다. 장자는 들녘의 꿩처럼 자유롭게 살아가라고 한다. 만물의 영장이라는 인간이 닭처럼 자발적 노예로 살아서야 되겠는가?

02

네 부류의 삶

육기六氣·무기无己·무공无功·무명无名

그러므로 사람을 그 그릇에 따라 소인으로부터 대인에 이르기까지 다음과 같이 네 부류로 구분해 볼 수 있습니다.

첫 번째 부류: 메추리와 참새처럼 좁은 공간에 만족해하며 사는 사람

지적 수준이 하나의 관리를 할 만한 정도이고, 하는 행위는 한 고을의 인심을 얻을 만한 정도이며, 갖춘 덕성은 한 군주의 마음에 들고 백성의 신임을 얻어 일하면 아주 만족해하는 정도의 사람입니다. 그런 사람의 삶은 메추리나 참새들의 삶과 다를 것이 없지요.

두 번째 부류: 송宋나라 사상가 송영자宋榮子처럼 세상사에 관한 분

별력을 지니고 사는 사람

송영자는 세상 사람들이 그를 칭찬해도 우쭐하지 않고, 비난해도 기죽지 않습니다. 그는 안에 있는 자신과 밖에 있는 세상사를 구별할 줄 알고, 영광과 치욕이 무엇인지를 구별할 줄 알기 때문입니다. 그리고 세상사를 서두르지 않습니다. 그러나 이 정도의 분별력이 있다 해도 아직 이르지 못한 경지가 있습니다.

세 번째 부류: 열자列子처럼 의지하는 삶을 사는 사람

열자는 바람을 타고 다니며 자유롭게 노닐다가 15일이 지나서 돌아왔습니다. 세상의 행복에 연연하지 않고 초연했습니다. 그러나 그의 자유는 아직 바람에 의지해야만 되는 상태에 머무르고 있었습니다. 이처럼 무언가에 의지하는 상태를 '유대有待'라 합니다.

네 번째 부류: 의지함 없이 '절대 자유'를 누리며 사는 사람

어느 것에도 의지함이 없는 상태를 '무대无待'라고 합니다. 천지의 규율[道]을 타고 육기六氣의 변화를 터득하여 무궁무진한 우주의 경계를 넘나들며 노니는 사람입니다.

육기六氣
음양陰陽·풍우風雨·회명晦明의 여섯 가지 기운

그래서 "지인至人은 나에 대한 집착이 없고, 신인神人은 공을 내세우지 않으며, 성인聖人은 명성을 추구하지 않는다〈至人无己, 神人无功, 聖人无名.〉."라는 말이 있는 것이지요.

장자는 득도하여 절대자유의 경지에 이른 사람을 지인·신인·성인이라 불렀다. 이들은 '대소大小'나 '다소多少' 그리고 '너와 나'의 구분이 없어진 무대의 상태, 끝이 없는 경지에서 노니는 사람들이다. 즉, 각자 서로 이름이 다를 뿐 모두가 지성을 지니고 无의 경지에서 자연의 본성을 회복한 도인 들이다.

03

뱁새가 집을 짓는 데는

명자실지빈名者實之賓·불과일지不過一枝

요堯임금이 천하를 다스리는 제위를 허유許由, 隱士에게 넘겨주겠다고 했습니다.

요 임금: 해와 달이 떴는데도 불을 끄지 않는 것은 헛된 일이 아닐까요? 때에 맞게 비가 내리는데도 밭에 물을 대서 촉촉하게 하려는 것은 공연한 수고가 아닐까요?

선생께서 제위에 오르셔야 천하가 잘 다스려질 터인데도 제가 아직 제위에 앉아 있습니다. 저의 능력이 부족함을 스스로 알고 있습니다. 그러니 천하를 맡아주십시오.

허유: 왕께서 천하를 다스려 천하가 이미 안정되었는데도 제가 왕위를 맡는다는 것은 혹시 제가 명성을 위하는 일이 되지 않을까요? 왕위라는 이름은 아무런 실속이 없는 허명虛名에 불과하지요[명자실지빈名者實之賓]. 혹시 제가 그런 껍데기를 추구하리라고 보시나요?

명자실지빈名者實之賓 명성과 명예는 실實의 껍데기다. 왕위보다는 마음의 평화를 누리며 자유롭게 사는 게 중요하다는 말이다.

뱁새가 깊은 숲에 집을 짓는 데는 가지 하나만 있으면 되고, 두더지가 강물에 나가 물을 마시는 데도 작은 배를 채울 정도의 물만 있으면 됩니다. 왕께서는 돌아가 쉬십시오. 저에게 천하는 쓸모가 없습니다. 제사 때 요리사가 비록 요리에 서툴다고 해서 제사 진행을 주관하는 제주祭主가 주방장 노릇을 대신할 수는 없는 일입니다.

04

바람을 마시고 이슬을 먹고 사는 신인神人

흡풍음로吸風飮露

견오肩吾가 연숙連叔 에게 말했습니다.

견오: 나는 접여接輿가 하는 말을 들었는데, 완전히 허풍으로 사리에 맞는 것도 없이 마구 떠들어대기만 해요. 놀랍고도 황당한 말로, 하늘의 은하수처럼 끝이 없었어요. 참으로 엉터리고 인정도 없는 말들이었어요.

연숙: 그가 무슨 말을 했는데요?

견오: 접여가 말하길 멀리 고야산姑射山에 신인이 살았대요. 그의 살갗이 빙설氷雪처럼 희고, 자태가 처녀처럼 우아하다고 했어요. 그는 오곡을 먹지 않고, 바람을 마시고 이슬만 먹고 살면서[흡풍음로吸風飮露] 구름을 타기도 하고 용을 타고 날아다니며 세상 밖을 노닌다고 했어요.

그는 자신의 혼을 만물에게 불어넣어 병들거나 재해를 입지 않도록 보호해주고, 매년 곡물이 잘 익게 해준다는 것이었어요. 도무지 미친 사람 말 같아서 믿을 수가 없었지요.

연숙: 그렇군요. 눈먼 사람은 아름다운 색깔이나 그림을 볼 수가 없고, 귀먹은 사람은 종소리나 북소리를 듣지 못하지요. 어찌 신체적으로 눈멀고 귀먹은 사람만 있겠습니까? 지식과 지혜에도 눈이 멀고 귀먹어 어두운 사람이 있지요. 바로 그대가 그런 사람 같군요. 접여가 말한 그 신인은 그의 덕이 충만하여 만물에게 베풀어지고, 그래서 만물과 어울려 하나가 된 것이지요. 그런데 세상 사람들은 모두가 작은 이익을 추구하며 다투기 때문에 혼란이 초래되는데, 이 얼마나 피곤한 일인가요? 천하를 다스리는 신인은 누구도 그를 해칠 수 없어요. 홍수가 나서 물이 하늘까지 차올라도 빠져 죽지 않고, 가뭄이 들어 쇠나 돌이 녹아내리고 흙과 산이 불에 타버려도 그는 열기를 느끼지 않아요. 그는 몸에 붙어있는 먼지나 쭉정이를 가지고도 요임금이나 순舜임금을 만들어낼 수 있는데, 어찌 세속의 번거로운 일에 개의하겠습니까?

〈모자장수의 깨달음〉

송나라 사람이 많은 모자와 옷가지를 가지고 월越나라에 팔러 갔답니다. 그런데 월나라 사람들은 머리를 짧게 깎고 문신을 하는 풍습이 있어 모자와 옷이 필요 없었답니다. 모자는 매우 유용한 것이라는 선입견을 가지고 월나라에 가보니 아무 쓸모가 없었다는 것이지요. 자기 생각이 보편적이지 않았음을 자각한 것입니다.

〈요임금에 관한 다른 이야기〉

요임금은 천하 백성을 잘 다스려 나라가 안정을 찾자, 고야산과 분수汾水의 북쪽에 가서 네 명의 도인을 만나 심오한 도리를 깨우치고, 천하를 통치하는 일마저 잃어버렸답니다.

'소요유'는 장자의 핵심사상이다. 그래서 장자는 이 주제를 고야산의 신인으로 의인화하여 구체적으로 반복 강조하고 있다. 빙설처럼 하얀 피부, 처녀처럼 우아한 자태의 신인은 바람과 이슬만 마시고 살면서, 만물에게 덕을 베풀어주고 만물과 하나가 되어, 용을 타고 우주를 자유자재로 넘나들며 산다. 바람은 양기이고, 이슬은 음기이니 음양의 기운만으로 살아간다는 뜻이다. 참새나 메추리와 같은 삶을 사는 소인들이야 어찌 소요유의 경지를 알겠는가.

요임금이 '천하를 통치하는 일마저 잃어버렸다.'는 것은 네 명의 도인들을 통해 월나라 사람이 모자 없이 사는 것처럼, 임금의 아무런 간섭 없이도 백성들이 잘살아갈 수 있겠다는 도리를 깨달았기 때문이다. 노자는 무위无爲함이 없음의 통치를 하는 임금이 가장 훌륭한 임금이라고 했다. 장자는 요임금이 그런 무위의 정치를 하는 훌륭한 임금이라고 말하고 있는 것이다.

05

큰 박과 손 트지 않는 약

장자의 친구인 혜자惠子가 장자에게 말했습니다.

혜자: 위魏왕이 보내준 호리병 박의 씨를 심었더니, 다섯 석石이 들어갈 정도로 큰 박을 수확했지. 거기에 물을 채웠는데 너무 무거워 들질 못했어. 쪼개서 바가지를 만들었더니 크기만 크고 납작해서 물건을 담을 수가 없었네. 아무짝에도 쓸모가 없기에 바가지를 깨뜨려 버렸다네.

장자: 여보게, 그대는 정말 큰 것을 크게 쓸 줄 모르는군. 송나라에 손이 트지 않게 바르는 약을 만들어 손에 바르고, 천을 빨아서 하얗게 표백하는 일을 직업으로 하는 사람이 있었지. 그걸 집안 대대로 업으로 삼아온 거야. 그런데 지나가던 길손이 그 말을 듣고 금 백 냥을 주고

약 만드는 비방을 팔라고 했다네. 그래서 그 사람은 온 가족을 모아 놓고 의논을 했지. '대대로 이 일을 해 왔지만, 지금까지 기껏 금 몇 냥밖에 벌지 못했지 않나? 오늘 아침에 약 만드는 비방을 금 백 냥에 사겠다는 사람이 있으니 팝시다.'라고 했다네. 길손은 약 만드는 비방을 산 다음, 오吳왕을 찾아가 설명했지. 마침 월나라가 쳐들어오자 오왕은 그 길손을 장수로 임명했어. 겨울인데 월나라 군대와 싸워서 월 군대를 대패시켰다는 것이야. 내용인즉슨, 오와 월 군대가 수전水戰을 벌였는데, 오나라 병사는 그 약을 발랐기 때문에 한파에도 동상에 걸리지 않아 고통 없이 잘 싸웠다는 거지. 그래서 오왕은 그에게 땅을 떼어주고 제후로 삼았다네.

곧 장자가 혜자를 두고 안타까워했습니다.

장자: 똑같은 약 만드는 비방을 알아도 한 사람은 큰 토지를 하사받아 부자도 되고 지위도 얻었는데, 한 사람은 평생 빨래터를 면하지 못한 것이야. 똑같은 것을 가지고도 보고 생각하는 관점에 따라 결과는 크게 달라지는 것이라네. 그대는 어찌하여 다섯 석들이 큰 박으로 술통을 만들어 강이나 호수에 띄워 놓고 즐길 생각은 못 하고, 그것이 쓸모없는 것이라고만 생각하는가? 그대는 참으로 생각하는 그릇이 옹졸하구려!

06

쓸모없다는 나무

혜자: 나에게 한 그루 큰 나무가 있는데, 사람들은 가죽나무라고 부르지. 몸통은 옹이가 많고 뒤틀리어 먹줄을 칠 방법이 없고, 작은 가지 또한 틀어지고 구부러져 있어 잣대를 댈 수 없다네. 길가에 자라는데도 목수가 거들떠보지도 않아. 지금 그대가 하는 말도 허풍스럽게 크기만 하지 쓸모없는 가죽나무 같구려. 그러니 모두가 그대 말을 들으려 하지 않는 것이야.

장자: 그대는 살쾡이나 족제비를 본 적이 있는가? 납작 엎드려 먹이를 노리다가 작은 짐승이 나타나면 이리 뛰고 저리 뛰고, 높이 뛰고 낮게 뛰다가 덫이나 그물에 걸려 죽기가 일쑤지. 들소를 보게나. 저 몸집이 마치 구름처럼 크지만 쥐새끼 한 마리도 못 잡는다네.

이제 그대가 가지고 있는 큰 나무가 쓸모없다고 걱정하는데, 어찌하여 그것을 아무것도 없는 마을, 너른 들판에 심어놓을 생각은 못하는가? 나무 주위를 하는 일 없이 배회하기도 하고, 그 아래 그늘에 누워 마음의 자유를 누릴 생각을 하지 못하는가[소요호침와기하逍遙乎寢臥其下]? 저 나무는 도끼로 찍힐 일도 없을 터이고, 누구로부터도 해를 입을 일도 없다네. 쓸모없는 것이 거꾸로 보면 안전한 것이지, 어찌 걱정할 일이라 하겠는가? 쓸모없음이 가장 큰 쓸모라는 말일세.

혜자는 위 나라 재상을 지낸 사람으로 본명은 혜시惠施이다. 《장자》에서 장자와 변론辯論하기 적당한 상대자로 등장하는, 명가名家의 대표인물이다. 혜자는 현실 사회에서 이름을 높이고 이로움을 취하려는 통상적인 관점에서 사물을 보고, 장자는 그런 관점을 초월하여 정신적 층면層面에서 사물을 보았다.

'제齊'는 〈공평하다. 평등하다. 차이를 존중하다. 이것과 저것이 하나의 개념으로 통한다〉의 뜻이다. '물物'은 나 자신 밖에 있는 외물外物을 가리키기도 하고, 나와 외물과의 관계를 뜻하기도 한다. 따라서 제물齊物은 외물과 나, 즉 물아物我는 서로 다르지 않다는 것이다. 그래서 장자가 나비가 되는 꿈을 꾸기도 하고, 나비가 장자가 되는 꿈도 꿀 수 있다는 것이다. 삶과 죽음도 4계절의 순환처럼 자연현상일 뿐이다. 옳고 그르며, 크고 작은 것도 마찬가지다.

그러나 우리는 사물의 한쪽 면만을 보고 얻은 어떤 주관적 견해, 곧 편견을 지니고 〈물아物我, 생사生死, 시비是非, 대소大小〉를 구별한다. 이것은 저것보다 크다거나, 좋다거나, 귀하다고 하는 등 이분법적으로 구별해서 본다. 이런 분별의식에서 벗어나야 앞 장에서 말한 절대자유의 경계에 들어갈 수 있다.

장자가 나비가 되어 하늘을 날아다니는 꿈을 꾸다가 깨어나서, 〈장자가 나비가 된 꿈을 꾸었는지, 지금 나비가 장자가 되는 꿈을 꾸고 있는지〉를 생각한다. 모든 사물은 인연因緣에 따라 서로 변화할 뿐, 시간과 공간을 초월하여 붕새의 눈으로 내려다보면, 장자와 나비의 분별이 없어지는 것이다.

제2장

만물과 나는 하나

제물론齊物論

01

하늘이 부는 통소 소리

오상아吾喪我·천뢰天籟·언은우영화言隱于榮華

남곽南郭의 자기子綦라는 도인이 책상에 기대앉아 머리를 들어 하늘을 보며 길게 숨을 쉬었습니다. 멍하니 앉아 있는 모습이 몸에서 혼이 나간 사람 같았습니다. 안성자유顔成子遊라는 제자가 옆에 서 있다가 물었습니다.

자유: 오늘 무슨 일이 있습니까? 몸은 마른 나무토막처럼 아무런 움직임도 없고, 정신이 불 꺼진 재와 같습니까? 지금 책상에 앉아계시는 모습은 전에 앉아계셨던 모습과는 완전히 다르네요.

자기: 언(偃: '안성자유'의 이름)아, 아주 잘 보았구나. 지금 나는 이미 나 자신의 존재를 잊어버렸단다[오상아吾喪我]. 그런데 네가 그 원인을 알 수

있을까? 너는 사람이 부는 통소 소리[인뢰人籟], 땅이부는 통소소리[지뢰地籟]는 들어보지 못했겠지. 설령 그를 들어보았다 해도 하늘이 부는 통소 소리[천뢰天籟]는 들어보지 못했을 거야.

오상아吾喪我
마음을 속박하는 모든 집착에서 벗어난 자유로운상태

자유: 이 세 가지 통소 소리의 의미가 무엇인지 감히 물어보아도 될까요?

자기: (지뢰에 관해 설명한다) 대지가 불어내는 숨과 같은 기운이 있는데, 이를 바람이라고 부르네. 바람은 불지 않으면 없는 듯이 조용하지만, 한번 불기 시작하면 수많은 서로 다른 구멍에서 온갖 소리들이 울리지. 너 혹시 그 바람 소리를 들어본 적이 있느냐?

산림이 우거진 구릉에 있는 거대한 나무들의 구멍은
어떤 것은 코 같고,
어떤 것은 입 같고,
어떤 것은 귀 같고,
어떤 것은 목이 긴 술병 같고,
어떤 것은 술잔 같고,
어떤 것은 절구 같고,
어떤 것은 웅덩이 같고,
어떤 것은 크고 깊은 늪지 같고,
어떤 것은 작고 얕은 연못 같지.

그들은 모두 각종 서로 다른 소리를 내는데
어떤 것은 물이 콸콸 쏟아지는 소리 같고,
어떤 것은 화살이 공기를 가르며 나는 소리 같고,
어떤 것은 나직이 꾸짖는 소리 같고,
어떤 것은 흐느끼는 소리 같고,
어떤 것은 고함을 지르는 소리 같고,
어떤 것은 엉엉 우는 소리 같고,
어떤 소리는 깊고 나지막이 멀리서 들려오는 듯하고,
어떤 소리는 애절하게 우는 듯 들리고,
앞에 가는 바람이 노래를 부르면 구멍들이 뒤따라가며 화음을 내고,
청량한 바람이 솔솔 불 때는 구멍들이 청량하게 화답하지.
바람이 거세게 불면 구멍들도 거센소리로 화답하고,
거센 바람이 멈추면 모든 구멍이 조용해져.
너는 저 초목들이 바람에 따라서 흔들거리는 모습을 보지 않았느냐?

자유: 지뢰란 바람이 불어서 땅 위에 있는 수많은 구멍으로부터 나오는 소리고, 인뢰란 사람이 퉁소 구멍에 감정〈마음속에 있는 희노애락喜怒哀樂〉의 바람을 불어넣어 나오는 소리인데, 그러면 천뢰는 무엇입니까?

자기: 천뢰는 만물이 지닌 스스로의 성품에 따라서 음양의 기운이 천차만별로 다르게 어울려 나오는 소리야. 모두가 각자 지닌 모습과 본성에 따라서 각각 스스로 소리를 내고 멈추는 것이지. 누가 그들에게 이

래라저래라 참견하겠는가?

천뢰란 음양의 기운이 스스로 어우러지는 생멸生滅의 화음으로, 무형无形이고 무성无聲의 소리다. 이 소리는 사물에 대한 분별이 없어지고 청정한 마음을 지녀야 들을 수 있는 소리다. 지뢰는 불어대는 구멍의 크기와 모양에 따라 모두 다른 소리를 내뿜지만, 그들의 소리는 모두 천뢰를 바탕으로 해서 나오는 소리이기 때문에 상통하는 소리다. 그런데 인간들이 입으로 불어내는 인뢰가 문제다. 인간은 오만하여 귀를 막고 지뢰나 천뢰를 듣지 않으려고 한다. 오히려 괴성을 지르며 자연을 훼손한다. 장자는 자연의 소리에 귀를 기울이라고 강조하고 있는 것이다.

02

사람이 부는 퉁소 소리

대지大智와 소지小智

자기가 자유에게 인뢰에 대해 이야기를 계속한다.

자기: 큰 지혜를 가진 대인大人은 너르고 평범하나 지혜가 작은 소인小人은 가늘고 자잘하고, 대인의 말은 불꽃처럼 선명하나 소인의 말은 재잘거려 시끄럽지.

소인들은

잠들면 꿈자리가 뒤숭숭하고, 깨어나면 형체가 산만하고,

일마다 남과 다투고, 날마다 마음은 갈등에 쌓인다네.

어떤 일은 우물우물 느리고, 어떤 일은 꼼수를 쓰고,

어떤 일은 쪼잔하고 좀스럽고,

작은 위험에 부딪히면 안절부절 겁을 먹고,

큰 위험에 부딪히면 혼이 나가버리지.

그들의 속셈은 남의 약점을 찾아낸 상황에서는 화살이 활을 떠나 과녁을 향해 날아가듯 거침없이 파고들며, 이기기 위해 기다려야만 되는 상황에서는 무슨 맹세라도 한 듯 침묵을 지킨다네. 그러다가 쇠약해지는 것을 보면 마치 초겨울 추위 속의 초목이 날로 기력을 잃어가듯, 자기가 하는 일에 빠져들어서 다시는 원상으로 회복하질 못하게 되지. 그런 상황에 처해져 정서가 갇혀버리고 말이 없어진다네. 그러면 이미 노쇠해진 것이고, 심령은 죽음에 가까워진 것이야. 누구도 그의 생기를 회복해 줄 방법이 없다네.

때로는 기쁘고, 때로는 화나고,

때로는 슬프고, 때로는 즐겁고,

때로는 우울하고, 때로는 걱정되고,

때로는 조급하고, 때로는 두렵기도 하고

경박한 일도, 방자한 일도,

안일한 일도, 교만하고 도리에 어긋난 일도 있는데,

이런 것들은 모두 퉁소의 구멍에서 나오는 노랫소리요 습기가 버섯을 돋아나게 하는 것과 같은 것이야. 밤낮으로 돌아가며 나타나는데, 어디에서 생겨나오는지 알 수가 없다네. 그만 … 그만할까!

그런 현상들이 아침저녁으로 나타나는 데는 다 까닭이 있으니까 생겨나오는 것이야. 그런 현상들이 없으면 나도 없는 것이고, 내가 없으면 그런 현상이 나타나지도 않는 것이야. 다시 말해, 그런 현상이 곧 나이고, 내가 곧 그런 현상이니, 현상과 나는 서로 가까운 것이야. 그런데 누가 그렇게 되게 하는지는 모른다네.

그런 현상을 주재하는 참 주인[진재眞宰]이 있는 것 같은데, 그의 흔적을 조금도 찾을 수가 없구나. 비록 그의 흔적을 찾지 못하고 볼 수도 없지만, 그가 우리 생활 속에 어떤 작용을 하고 있는, 형체 없는 진실한 존재라는 것만은 믿을 만하지.

우리 몸에는 백의 뼈마디, 아홉의 구멍, 여섯 가지의 내장을 갖추고 있는데, 그중에서 어느 부분과 더 친근해야 할까? 자네는 동등하게 좋아하나? 아니면 어느 것을 특별히 더 좋아하나? 그러면 덜 좋아하는 다른 부분도 자네가 다스리는 대상인가? 그들이 서로 다스릴 수는 없는 것인가? 또는 그들 모두를 참 주인이 다스리고 있는 것일까? 우리가 참 주인의 실체를 찾든 못 찾든, 그 주인이 작용하여 나타나는 운동과 변화에는 조금도 늘어날 것도 없고 줄어들 것도 없다네.

사람이 일단 형체를 형성했으면 몸의 각 부분은 저절로 최종 쇠잔해질 때까지 줄곧 변하지 않고 붙어있는 것이야. 인생은 부단히 밖의 사물과 접촉하여 서로 충돌하면서도 서로 따르는 것이야[상인상미相刃相靡]. 그런데 세월은 말을 타고 마구 달리듯 빠르게 흘러가고, 이를 잡을 수가 없으니, 이 어찌 슬픈 일이 아니겠는가?

살아있는 동안 줄곧 일해도 성취된 것을 볼 수가 없고, 일에 쫓기다가 지쳐도 돌아가 쉴 데도 없으니 이 또한 더욱 슬픈 일이 아니겠는가? 사람들은 그래도 죽지 않은 것이 다행이라 말하겠지만, 몸은 노쇠해지고 마음도 허약해지니 이것이 가장 큰 슬픔이 아니겠는가? 사람의 삶이란 것이 본래 이리도 갈피를 잡을 수 없는 것[미망迷妄]이란 말인가? 나만이 이런 미망에 빠져있는 것은 아닌가? 다른 사람 중에 미망에 빠져있지 아니한 사람이 있을까?

만일 모두가 개인의 주관적 견해[성심成心]에 따라 판단한 것을 표준으로 삼는다면 어느 누구든지 그런 표준이 없는 사람이 있겠는가? 그렇게 되면 사물의 변화 이치를 터득한 대인만이 그런 표준이 있는가, 소인도 있는 것이지. 만일 아직 그런 표준이 없는데도 옳고 그름을 가리려는 것은 비유하자면 "오늘 월나라를 향해 떠나 어제 그곳에 도착했다."는 것과 같이 황당한 말로써, 있을 수 없는 것이지. 있을 수 없는 것을 근거로 삼아 시비를 논한다면, 설령 우禹임금처럼 신령한 분일지라도 그 이치를 알 수 없을 텐데, 하물며 나 같은 소인이 어찌 알 수 있겠소?

앞장의 〈모자장수의 깨달음〉을 되돌아보자. 모자장수는 송나라에서 자라면서 그 나라 풍토의 기운이 자연스레 몸에 스며들어 마음속에 어떤 관념이 형성된다. 그렇게 이루어진 관념을 성심成心이라 한다. 성심이 곧 선입견이다. 선입견이 고착되면 편견이 된다. 사람은 누구나 무의식적으로 형성된 성심이 있다. 보통사람은 자신의 마음속에 굳어진 성심을 표준삼아 타자를 평가하기 때문에 충돌이 일어난다. 타자가 나보다 약하면 그에게 상처를 주고, 강하면 내가 상처를 입는다. 그러나 훌륭한 사람은 수신修身을 통하여 성심을 유연하게 다듬거나 아예 비워 허심虛心을 유지한다. 거울처럼 미녀를 만나면 미녀의 상을 담고, 추녀를 만나면 추녀의 상을 담는다. 과거에 만났던 미녀의 상을 표준삼아 현재의 미추美醜를 평가하지 않는다. 항상 과거에 머무르지 않고 현재를 살아간다. 장자는 편견에서 벗어나 허심을 지녀야 타자와 소통하며 공생할 수 있다고 설파한다.

03

말에는 뜻이 담겨 있어야

언은우영화言隱于榮華·방생方生

자기: 사람의 말이란 그저 바람이 밖으로 나오는 소리가 아니라, 뜻이 담겨 있어야 말이라고 한다네. 말에 뜻이 들어있지 않다면 그걸 말이라고 해야 할까, 아직 말하지 않았다고 해야 할까? 사람들은 자기가 한 말이 새 새끼가 막 알을 깨고 나와 우는 소리와 다르다고 하는데, 정말 다를까, 다르지 않은 것일까?

道는 어떤 방법으로 진위를 구별해낼 수 있을까? 말은 어떤 방법으로 시비를 가려낼 수 있을까? 道는 어떤 모습으로 있기에 보이지 않을까? 그리고 그를 찾아낼 방법은 없을까? 말은 어떤 모습으로 있기에 사람들이 받아들이지 못할까?

道의 참모습은 사람들이 지닌 주관적 집착, 작은 성취 속에 가려져 있는 것이고, 말의 진실은 말의 화려함 속에 가려져 있는 것이라네[도은우소성 언은우영화 道隱于小成, 言隱于榮華]. 그래서 유가학파와 묵가학파 사이에 시비를 가르는 다툼이 있지. 그들은 서로를 부정하지. 한쪽에서 '맞다'하면 다른 쪽에서 '그르다'하고, 한쪽에서 '그르다'하면 다른 쪽에서는 '맞다'라고 해. 만일 그들이 '맞다' 또는 '그르다'를 바르게 말하려면 각자의 주관적 견해를 넘어서 있는 밝은 표준, 즉 명지明智가 있어야지.

천지의 만물은 저것이 아닌 것은 없고, 또한 이것이 아닌 것도 없지[물무비피 물무비시物无非彼, 物无非是]. 그런데 저쪽에서는 이쪽의 사물을 바르게 보지 못하고, 이쪽에 있으면서야 이쪽 사물을 보고 인식한다네. 그래서 말하길 "저것은 이것으로부터 나오고, 이것도 저것에 비롯된 것"이라네. 저것과 이것은 서로를 생겨나게[방생方生] 해. 이는 서로가 상호의존적 관계에 있으면서 공생하고 공존한다는 뜻이야.

삶이 있기에 죽음이 있고, 죽음이 있기에 삶이 있으며 긍정이 있기에 부정이 있고, 부정이 있기에 긍정이 있으며 옳음이 있기에 그름이 있고, 그름이 있기에 옳음이 있는 것이야. 그런 까닭에 성인은 어느 한쪽에서만 보지 않고, 양쪽을 다 비추어 볼 수 있는 하늘에서 내려다본다네. 그래야 '사물은 상호의존적 관계에 있다'라는 도리를 바르게 알 수 있지.

이것이 곧 저것이고, 저것 또한 이것이므로 저것에 옳고 그름이 동시에 있고, 이것에도 옳고 그름이 동시에 있다면 이것과 저것은 같은 하나의 개념이라는 말인가? 아니면 같은 개념이 아니라는 말인가? 그거야 이것은 이것이고 저것은 저것이지만, 이 둘은 상대적 대립관계에 있는 것이 아니라, 서로 의존하고 서로 보완하며 만들어지는 관계에 있다는 것이야. 이것이 '도추(道樞 도의 핵심)'인 것이지. 도추는 사물 변화발전의 핵심으로, 천지자연의 무궁한 발전변화에 순응하지. 옳음도 무한히 옳은 방향으로 변화하는 것은 아니고, 그름도 무한히 그른 방향으로 변화하는 것이 아니라네. 그래서 이 둘의 변화발전을 꿰뚫어보는 명지가 있어야 한다는 말이오.

도추道樞
추樞는 문을 여닫는 둥근 축軸. 문을 열고 닫는 정도의 무궁한 변화를 상징. 도의 무궁한 변화의 핵심을 뜻한다.

04

원숭이의 심리

조삼모사朝三暮四

손가락을 가지고 그 손가락이 손가락이 아님을 밝히는 것은 손가락 아닌 것을 가지고 손가락이 손가락 아님을 밝히는 것보다 못하고, 말馬을 가지고 말이 말 아님을 밝히는 것은 말 아닌 것을 가지고 말이 말 아님을 밝히는 것보다 못합니다.

사람들은 '가可'를 '可'라 하고, '불가不可'를 '不可'라고 말하는데, 이는 길은 사람들이 다니니까 생기는 것이고[도행지이성道行之而成], 사물의 이름은 사람들이 부르니까 그렇게 되는 것과 같은 이치지요. 왜 그렇게 되나요? 그렇다고 하니까 그렇게 되는 것입니다. 왜 그렇지 않게 되나요? 그렇지 않다고 하니까 그렇지 않게 되는 것입니다.

천지는 아주 큰 개념이고, 만물은 그 안에 있는 작은 개념이지요.

또 만물을 큰 개념으로 보면 그 안에 있는 손가락이나 말은 아주 작은 개념에 불과합니다. 천지보다 더 큰 개념으로 올라가면 道에 이르고, 말보다 더 작은 개념으로 내려가면 아주 미물에 이르는 것이지요. 道에서 내려다보면 천지와 만물 그리고 손가락이나 말도 모두가 같은 하나입니다. 괜히 이것과 저것을 구별하여 이름을 붙이고, 또 궤변론자들처럼 사람이 지어낸 이름을 가지고 말장난을 하는 것은 혼란만 일으킵니다.

말하자면 작은 나무줄기이든 큰 기둥이든 추한 사람이든 아름다운 서시西施든 기괴하게 생긴 것이든 모두가 道의 관점에서 보면 하나로 통하는 것이오 [도통위일道通爲一]. 만사만물은 나뉘어 흩어지는 것이고, 흩어짐은 곧 새로 만들어지는 것이고, 새로 만들어지는 것은 사라지고 없어지는 것입니다. 그래서 만물은 위로 올라가면 갈수록 그들 서로를 구별하는 경계가 무너져 생성과 소멸이 하나로 같아지는 것이지요.

서시西施
춘추 시대 월왕 구천越王句踐이 오왕 부차吳王夫差에게 바친 월나라 의 미녀 간첩.

수양하여 높은 득도의 경지에 이르면 만물이 변화 발전하는 순환의 도리도 하나로 같아지는 것임을 깨닫게 됩니다. 그런 보편적인 도리는 불변의 규율로써 '용庸'이라 합니다. 이는 천지자연의 작용이며 道로 통하는 것이지요.

그런데 온 정신을 집중시켜 어느 한쪽 귀퉁이만을 보고 있는 사람, 만물의 규율이 모두 같다는 도리를 모르는 사람을 '조삼朝三'이라 부르지요. 어찌 '조삼'이라고 했을까요?

원숭이를 기르는 노인이 원숭이에게 도토리를 주면서 말했습니다. “아침에 세 개 주고, 저녁에는 네 개를 주마[조삼모사朝三暮四].” 하니까 원숭이들 모두가 화를 냈습니다. 그러자 그 노인이 말을 바꾸어 “아침에 네 개를 주고, 저녁에 세 개를 주마.”라고 하자, 원숭이들 모두가 좋아했다고 합니다. 알고 보면 노인이 원숭이들에게 이른 말은 앞뒤만 바뀌었을 뿐 다르지 않습니다. 그런데 원숭이들은 이런 때는 화내고, 저런 때는 좋아한 것이지요. 이는 원숭이들의 심리작용에 따라 나타난 현상일 따름입니다. 그러므로 성인은 시비를 가리며 어느 한쪽에 집착하지 않고 양극을 조화시켜 균형을 이루는데, 이를 ‘양행兩行’이라 합니다.

노인이 도토리 7개를 가지고 ‘아침3개, 저녁4개’를 주겠다니 원숭이가 화를 냈다. 그래서 말을 바꿔 ‘아침4개, 저녁3개’를 주겠다니 원숭이가 좋아했다는 우화다. 원숭이가 하루에 가져가는 도토리 7개는 변함이 없는데도, 얼핏 듣고서 이런 때는 화내고 저런 때는 기뻐하는 원숭이의 미련함을 말하고 있다. 그런데 인간사회에도 전체를 보지 못하고 눈앞의 이익만을 탐하여 울고 웃는 사람들이 있다. 간사한 꾀로 남을 속이거나 변덕이 심하여 믿을 수가 없는 사람을 비유하여 ‘조삼모사’라 쓰기도하고, 한 쪽만을 보고 말하는 사람을 ‘조삼’이라고 조롱하기도 한다.

그러나 장자가 말하는 뜻은 다르다. 한 부분만을 보고 판단하지 말고 전체를 보라고 말하고 있는 것이다. 젊어서 잘 살다가 늦게 고생을 하는 사람도 있고, 또 그 반대로 살아온 사람도 있다. 우리는 타자와 함께 살면서 언제나 득실과 성패가 있기 마련이다. 이는 어느 순간에 출렁이는 바다 표면의 파도와 같은 것이다. 겉으로 나타나는 현상을 보고 원숭이처럼 기뻐하거나 실의에 빠져, 그때그때 호들갑떨며 살 필요가 있겠는가. 모두가 하나로 통하는 바다 전체, 즉 道를 보고 담담하게 살라는 말이다.

사람은 모두 각자의 자의식이 있기 때문에 서로 만나 소통하기가 쉽지 않다. 소인은 자신의 자의식을 앞세우지만, 성인은 자신의 판단을 유보하고 타자의 생각을 존중한다. 나와 타자의 생각을 병행하면서도 서로 부딪히지 않고, 시비是非의 양쪽을 그대로 인정하고 보는 것을 양행兩行이라 한다. 양행은 태극 속의 음양 두 기운이 서로 충돌하지 않고 공존하면서 4계절을 이루어내며 돌아가듯, 자연의 운행규율이다. 이를 '천균天鈞' 또는 '도추道樞' 라고도 한다. 소통은 타자의 자의식에 바탕을 두고 조화를 이뤄야한다. 모자 장수는 월나라사람의 자의식에 바탕을 두고, 원숭이를 기르는 노인은 원숭이의 심리에 바탕을 두고 소통해야한다는 것이다.

05

단단한 돌과 흰 돌

초군탁절超群卓絶·견백지매堅白之昧

옛날 사람은 그들이 도달한 인식의 경계가 서로 달랐습니다. 어떤 사람은 천지에 사물이 생겨나기 전의 상태를 알았어요. 이는 인식 수준이 최고의 경계에 오른 사람으로 더이상 덧붙일 것이 없습니다. 다음은 사물이 생겨난 후이나 아직 만물들 사이에 어떤 분별이 없던 때의 상태를 아는 사람입니다. 그다음은 만물들 사이에 분별이 생겨났으나 아직 무엇이 옳고 그른지 구분이 안 되는 때의 상태를 아는 사람이지요.

요즘 사람들이 그 시비를 따지면서부터 道가 훼손되기 시작했지요. 道가 훼손되면서 편애偏愛의 관념이 생겨났습니다. 그런데 생겨나고 훼손되는[성훼成毁] 개념이 본래 있는 것일까요? 그런 개념이 없는 것일까요?

아무튼 성훼의 현상이 지금 존재하고 있는 것은 마치 저명한 연주자 소문昭文이 거문고를 타는 것과 같고, 성훼가 없다는 것은 소문이 거문고를 타지 않는 것과 같다는 말이지요.

소문이 거문고를 타고, 사광師曠이 북채를 들고 장단 맞추고, 혜자가 오동나무에 기대어 담론하는 솜씨는 완벽에 가까워 그 이름이 후세에 전해진 것이랍니다. 세 사람은 모두 자기분야에서 재능이 뛰어나 견줄 사람이 없을 정도였습니다.[초군탁절超群卓絶] 그러나 그들은 자신들이 좋아하는 것을 다른 사람들이 이해해주길 바라고, 남을 깨우치려고도 했으나 이루지 못했지요. 혜자는 견백지매堅白之昧라는 모호한 담론만 늘어놓다가 끝나버렸고, 소문도 아들이 아버지의 기예를 이어받았지만 이뤄진 것이 없었습니다.

만일 이런 것을 이룬 것이라고 한다면 나도 이룬 것이 있고, 이룬 것이 아니라면 누구든지 이룬 것이 없는 것이지요. 그러므로 성인은 밖으로 현란한 빛을 나타나지 않으며 그저 평범한 쓰임에 머무는 것입니다. 이것이 총명한 지혜, 명지라고 합니다.

소씨고금昭氏鼓琴
소문昭文이 거문고를 타듯 기량이 매우 뛰어남을 비유하는 말이지만 거문고를 인위적으로 특정한 음을 타지 않고 가만히 있으면, 오음에서 나오는 자연의 소리 모두를 감상할 수 있다는 뜻이다.

견백지매堅白之昧
작은 돌멩이를 손안에 넣고 만지면 단단함[堅]은 아나 색깔을 모르고, 놓고서 보면 흰 색깔[白]임은 아나 단단함을 모르듯 애매모호함을 비유하는 말.

06

가을철 짐승의 털끝

추호지말秋毫之末·만물여아위일萬物與我爲一

지금 어떤 말을 한다고 가정해봅시다. 그 말이 위에서 말한 모호한 담론인지 아닌지 모르겠지만, 같다고 해도 좋고 다르다고 해도 좋습니다. 설령 모두 무언가를 말하려고 한다는 점에서 다르지 않지요. 그렇다면 처음부터 아무것도 말하지 않은 것과 다를 것이 없지 않겠습니까? 비록 그렇다고 해도 한번 이야기해보도록 하지요.

우주탄생에는 시작이 있고, 시작이 있으면 시작을 하지 아니한 그전이 있고, 또 그 전의 전이 있는 것이지요. 그렇게 有가 있으면 无도 있으며, 有가 있기 전인 无가 있다는 말이 됩니다. 无가 있다면 无가 있기 전의 무언가 있어야 하고, 무언가 있다면 또 그 이전의 무언가 있어야 하고……. 지금 내가 무언가 말하고 있지만, 정말로 무엇을 말하고 있는 것인지 말하지 않고 있는 것인지 모르겠습니다.

내道가 털갈이를 끝낸 가을철 짐승의 털끝만큼이나 가늘다[추호지말秋毫之末] 해도 천하 만물이 나보다 큰 것은 없으니, 태산도 나보다 작다고 할 수 있습니다. 내가 갓 태어나 죽는다고 해도 나보다 오래 산 사람은 없을 것이니, 팽조가 수백 년을 살았다고 한들 요절한 것에 불과하지요. 천지가 무한의 세계에서 나와 함께 살고 있으니, 이는 곧 만물은 나와 한 몸이라는 뜻입니다.[만물여아위일萬與我爲一]

이미 만물과 내가 한 몸으로 같다고 했는데 무슨 '논의'를 더 해야 할까요? 그러나 이미 '만물은 나와 한 몸'이라고 '논의'했으니, 어찌 그것을 분별하여 분명하게 말할 것이 없다고 말할 수 있을까요? '만물과 한 몸'이라고 한 말과 방금 말한 것을 합하여 따질 것이 둘이 되었고, 이 둘에다가 처음 한 말을 더하니 셋을 따지게 됐습니다. 이런 식으로 계속 뻗어 나가면 아무리 천재적 수학가라 할지라도 그 논의할 끝을 계산해낼 수 없을 것인데, 하물며 보통사람들이야 무슨 말을 할 수 있겠습니까?

무无로부터 유有로 나아가도 금방 셋이 되는데, 하물며 유有에서 유有로 나아가면 한없이 뻗어 나가는 것이니, 그렇게 나가지 말고 그냥 있는 그대로 보고 끝내도록 하지요.

07

위대한 변론은 불언不言

대변불언大辯不言·대용불기大勇不忮

道의 개념에는 아무런 경계가 없고, 말로써 이를 바르게 설명할 수 있는 표준이 없어요. 말이란 장소와 시대에 따라 뜻이 달라지기 때문이지요. 그래서 말은 말로 인하여 분별이 생겨나는데, 예를 들어 보겠습니다.

누가 '왼쪽'이라고 말하면 이는 곧 '오른 쪽'이 있음을 전제해 말하는 것입니다. 이처럼 어떤 말은 좌우, 논의와 논증, 분별과 변론, 경쟁앞다툼과 맞겨룸에 따라 그 말의 성질이 구분되는데, 이를 말의 여덟 가지 속성 즉, 팔덕八德이라 합니다. 이 여덟 가지가 道의 개념에 경계를 긋는 것들이지요.

육합(六合 상하와 4방, 천지) 밖의 사물에 관해서 성인은 그저 관찰하고 있을 뿐이며 분별해서 말하지 않고, 육합 안의 사물에 관해서는 논의는 하되 논증하려고 하지 않습니다. 그리고 역사적 선왕들의 치적에 관해서는 논증은 하지만 변론하려 하지 않지요

분별하려 해도 분별할 수 없고, 변론하려 해도 변론하지 못하는 것이 있는데, 그건 왜 그럴까요? 성인들은 道를 마음속에 품지만, 보통사람들은 서로 과시하려고 변론하기 때문입니다. 다시 말해 변론은 道를 모르고 과시하려는 분별일 뿐입니다.

위대한 道는 부를 이름이 없고,

위대한 변론은 말로 표현하지 않고[대변불언大辯不言],

진정한 어짊은 편애하지 않고,

진정한 겸손은 겉으로 드러나지 아니하며[대렴불겸大廉不嗛],

진정한 용기는 다른 사람을 해치지 않는 것입니다[대용불기大勇不忮].

道는 훤히 나타나면 道가 아니고,

변론을 말로써 나타내려고 하면 오히려 목적을 달성하지 못하고,

어짊을 고정적 격식에 따라 나타내면 두루 펼쳐 발전하지 못하고,

겸손을 드러나게 나타내면 오히려 신뢰를 얻지 못하고,

용감함도 남을 해치려는 뜻이 있으면 본뜻을 잃어버리게 되지요.

이 다섯 가지는 본래 원만한 것인데, 자칫하면 모가 나게 된답니다. 따라서 자기가 알지 못하는 영역이 무엇인지를 알고, 거기에서 멈출 줄을 알면 경지에 오른 것입니다.

누가 말로 표현하지 않은 변론을 알고, 훤히 나타나지 않는 道의 도리를 알 수 있을까요?

만일 이런 도리를 아는 사람이 있다면 그의 심령은 천연의 보고寶庫라 하리라. 이 보고에는 아무리 많은 지식을 부어도 차지 않고, 아무리 많은 지식을 퍼내도 마르지 않는데, 그 지식이 어디에서 흘러나오는지 근원을 알 수 없지요. 이런 경지를 일컬어 '보광葆光'이라고 부릅니다.

옛날에 요임금이 순舜에게 물었어요.

요임금: 내가 종宗, 회膾, 서오胥敖를 치려는 생각이요. 내가 왕위에 오른 후 정사를 처리하면서 마음이 석연치 않으니, 어찌된 일이요?

순: 그 세 나라 소국은 오늘날까지 잡풀이 우거진 미개지와 같습니다. 어찌하여 마음이 불안하신지요? 옛날에 10개의 태양이 한꺼번에 나타나 만물 모두를 비춘 적이 있습니다만, 하물며 임금님의 은덕을 태양에 비길 수 있겠습니까? 〈미개한 세 나라를 태양보다 훨씬 뛰어난 덕으로 교화하지 못하고, 무력으로 치려고 하니 마음이 불안할 수밖에 없다는 말이다. 요임금의 덕이 아직 미흡하니, 공덕功德을 더 쌓아 보광으로 소국을 동화시켜야 한다는 뜻을 암시하고 있다.〉

08

미녀美女를 보고도

설결齧缺과 스승 왕예王倪의 이야기입니다.

설결: 선생님께서는 사물에 있어서 공동으로 통용되는 어떤 표준이 무엇인지 알고 계십니까?

왕예: 내가 그걸 어찌 알겠는가.

설결: 선생님께서는 선생님이 알지 못한다는 그것이 무엇인지 알고 계십니까?

왕예: 내가 어찌 알겠는가.

설결: 그렇다면 사물이란 알 수 없는 것입니까?

왕예: 내가 그걸 어찌 알겠나? 비록 그러하지만, 한 번 이야기는 해 보겠네. 내가 안다고 말하는 것이 곧 실은 모르는 것이 아니라는 것인지, 또는 모른다고 말하는 것이 곧 아는 것이 아니라는 것인지 그걸 내가 어찌 알겠는가? 그럼 자네에게 한번 물어봄세. 사람이 습한 데서 살면 허리가 아프고 관절염이 생기는데, 미꾸라지도 그럴까? 사람이 높은 나무 위에서 산다면 두렵고 불안하겠지, 원숭이도 그럴까? 이 셋 중에서 누가 거처하는 곳에 관한 표준을 바르게 알고 있을까?

사람은 고기를 즐겨 먹고,
사슴은 풀을 뜯어 먹고,
지네는 뱀을 맛있게 먹고,
올빼미는 쥐를 잘 먹는데,
이 넷 중에서 어느 쪽이 맛의 표준을 안다고 할 수 있겠는가?
원숭이는 비슷한 원숭이와 짝을 맺고,
순록은 사슴과 사귀고,
미꾸라지는 물고기와 놀지.

월왕이 사랑한 여인 모장毛嬙이나 진나라 헌공 부인 여희麗姬는 남자들이 미녀라고 좋아하지.

그러나 물고기는 미녀를 보고도 바로 깊은 곳으로 숨어버리고,
새는 보자마자 높이 날아가 버리고,
사슴은 보자마자 급히 도망가 버리는데,
이 넷 중에서 누가 천하의 진정한 美의 표준을 안다고 할 수 있을까?

내가 보기에 세상의 유식하다는 사람들이 어질고 의로운 것[인의仁義]의 표준을 거창하게 말하는데 그건 곧 시비를 불러오는 꼬투리로써 혼란스러울 뿐이야. 내가 어찌 그런 걸 안다고 말할 수 있겠는가?

설결: 선생님은 이롭고 해로운 관계에 대하여 이해를 못하시는 것 같은데, 혹시 신인이라 일컫는 지인도 이롭고 해로운 것을 이해하지 못하나요?

왕예:지인은 지극히 신비하고 묘한 분이야.

큰 늪지가 타올라도 열기를 느끼지 못하고,

강물이 얼어붙어도 냉기를 느끼지 못하고,

벼락이 쳐서 산이 쪼개지고,

폭풍이 불어 바다가 뒤흔들려도 놀라지 않아.

이런 지인은 구름을 타고 해와 달에 올라 세상 밖에서 노닐고,

생사와 같은 큰일도 그를 변화시킬 수 없지.

하물며 이롭고 해로운 것을 따지는 작은 일쯤이야 아무것도 아니라네.

09

어려서 고향을 떠나

견란이구시야見卵以求時夜

까치같이 소란을 떠는 사람 구작자瞿鵲子와 깨달은 사람 장오자長梧子가 이야기를 나눕니다.

구작자: 내가 공자님께 들었는데

성인은 세속의 일에 종사하지 않고,

이익을 탐내거나 위험하고 해로운 일을 피하지 않고,

사람들이 즐거워하는 것을 자신은 추구하지 않으며,

규율에 얽매이지 않고, 말을 하지 않음으로써 말을 하고,

말하는 것도 말을 하지 않는 것 같으며,

세속에서 벗어나 노닌다는군.

공자께서는 이를 허무맹랑한 소리라고 말씀하시는데, 나는 이것이 오묘한 道를 행하는 길이라고 생각하네. 자네는 어떻게 생각하는가?"

장오자: 그것은 황제가 들어도 어리둥절한 말이야. 그런데 어찌 공자가 그 말을 이해하겠나? 자네도 너무 성급하네. 마치 달걀을 보고서 새벽을 알리는 수탉을 생각하며[견란이구시야見卵而求時夜], 화살을 보고서 맛있는 산새구이를 생각하는 것[견탄이구효적見彈而求炙] 같네.

〈참으로 황당한 이야기야〉

내가 자네에게 한마디 더 황당한 말을 할 터이니, 자네도 편하게 그냥 들어주게나. 어떤가?

성인은 해와 달과 더불어 빛나고,
우주를 품에 안고, 만물과 하나가 되며,
번잡한 세상일 그냥 두고 시비를 따지지 않으며,
천한 노예도 존귀한 손님으로 대한다네.
속세 사람들은 고생하며 바삐 일하고,
성인은 우둔하게 보이며,
천만 년 세월의 변화 속에 참여하고, 오직 만물과 하나가 된다네.
……

삶에 애착을 가지는 것이 바보짓이 아닐까? 죽음을 싫어하는 것은 어려서 고향을 떠나 다시 돌아갈 줄 모름과 같은 것이 아닐까?

미녀 여희는 애艾라는 곳의 변경을 지키는 수비원의 딸이었지. 진晋나라로 끌려갈 때 너무 울어서 눈물에 옷깃이 흠뻑 젖었다네. 그러나 진나라 궁전에 들어가 헌공獻公의 왕비가 되어 왕과 잠자리를 같이하고 맛있는 고기를 먹게 되자, 울던 일을 후회했다네. 이처럼 죽은 사람들도 살아있을 때 삶에 집착한 것을 후회하지 않을까?

……

꿈에 잔치를 벌여 술을 마시며 즐거웠던 사람은 깨어나 슬픈 현실을 보고 울고, 꿈에 괴로워 울던 사람은 깨어나 즐거운 마음으로 사냥을 나가지요. 꿈을 꿀 때는 그것이 꿈인 줄도 모르고, 꿈속에서도 꾸는 꿈이 좋은 꿈인지 아닌지 해몽까지 하는데, 깨어나서야 비로소 꿈이란 걸 알게 되지. 더 나가 크게 깨어나면 삶이란 것도 한바탕의 큰 꿈, 일장대몽一場大夢이라는 걸 알게 될 것이네.

그런데 우매한 사람은 자기만이 깨어있는 줄 알지. 군주나 지방 목사牧使들은 통치자랍시고 거만을 떨며 뭐라고 아는 체하니 말일세. 그들의 고루함이여!

공자도 자네도 꿈을 꾸고 있는 것이지. 내가 자네에게 꿈을 꾸고 있다고 말하는 것도 역시 꿈일 것이야. 이런 말이 매우 괴이하게 들리겠지만, 만 년 후에라도 이런 도리를 아는 큰 성인을 만나게 되면, 그 긴 시간도 아침저녁 하루에 불과한 것처럼 짧게 여겨질 거네.

……

지금 나와 자네가 논쟁을 벌인다고 가정해보세. 자네가 나를 이기고 내가 자네를 이기지 못했다면, 자네 주장이 정말 옳고 나의 주장은 정말 그른 것인가? 내가 자네를 이기고 자네가 나를 이기지 못했다면, 내 주장이 정말 옳고 자네의 주장은 정말 그른 것인가? 한쪽이 옳으면 다른 쪽은 반드시 그른 것인가? 양쪽이 모두 옳거나 양쪽이 모두 그른 경

우는 없는가? 나와 자네가 모두 모르니, 다른 사람은 더더욱 아리송할 수밖에 없지. 그러면 우리 누구에게 부탁해서 시비를 가려달라고 할 수 있을까?

자네와 같은 관점을 지닌 사람에게 가려달라고 한다면 그건 이미 자네의 주장과 같으니, 그가 어찌 이를 바르게 판별할 수 있겠는가? 나와 같은 관점을 가진 사람에게 판별하게 한다면 이미 내 주장과 같으니, 그가 어찌 이를 바르게 판별할 수 있겠는가? 자네의 관점과 다르고 또 나의 관점과도 다른 관점을 가진 사람이라면 이미 자네나 나의 관점과 다르니, 그가 어찌 이를 바로잡을 수 있겠는가? 자네의 관점과 같고 또 나의 관점과도 같은 사람이라면 그것 또한 이미 자네와 나의 관점과 같으니, 그가 어찌 이를 바로잡을 수 있겠는가? 이렇게 말하면 나나 자네, 다른 사람 모두가 이 시비를 가리고 바로잡을 수 없는 노릇인데, 누구를 또 기다려야 하겠는가?

상대가 관점을 바꾸어, 나의 관점에 동화되기를 바라고 서로가 기다린다는 것은 서로가 기다리지 않는다는 것과 같은 말이라네. 서로 다른 관점을 조화시키는 방법은 '자연에 순응[천예天倪]'하는 법밖에 없지. 사물이 변화 발전하는 규율을 가지고서 나와 자네의 관점을 비춰보는 것이야. 무한의 변화에 내맡기는 것이 타고난 수명을 다하는 길이라네.

천예에 조화시킨다는 것이 무슨 뜻인가? 어떤 사물이든 선善한 면이 있으면 곧 선하지 못한 면이 있는 것이고, 또 밝은 면이 있으면 곧 어두운 면이 있는 것이 아닌가. 그런데 이것은 선한 것이고 저것은 불선不善한 것이라면, 선과 불선을 구별하여 변론할 여지가 없는 일이지. 밝은 것이 선이고 어두운 것이 불선이라면, 밝은 것과 어두운 것과도 구별하여 논쟁할 여지가 없는 것 아닌가. 이것이 이것이면 이것이고, 저것이 저것이면 저것이니, 이를 구별하고 서로 비교하여 쟁론을 벌이는 일은 그만두고 잊어버리게.

지극한 깨달음의 경지로 들어가면 이것이 저것이고 저것이 이것이라네. 객관적 기준을 만들어 이것과 저것을 구별하는 의미가 어디에 있겠는가?

10

두 그림자

그림자의 그림자로서 엷게 비치는 그림자 망량罔兩이 본 그림자인 영景에게 물었습니다.

망량: 조금 전에는 당신이 걸어가더니 지금은 멈추었고, 또 앉아 있다가 일어서니 어째서 그리 줏대가 없는가?

영: 왜냐면 나는 반드시 다른 것에 의지해야만 되니까 그런 거야. 내가 의지하고 있는 것이 나를 그렇게 하도록 만들지. 내가 의지하고 있는 것이 뱀의 비늘이거나 매미의 날개가 아닐까? 왜 그런지를

내가 나를 어찌 알겠는가. 내가 왜 그렇게 하지 못하는지를 어찌 알겠는가?

옆은 그림자 망량은 본 그림자인 영에게 의지하고, 영은 그를 끌고 다니는 주인에게 의지하고, 또 그 주인은 다른 무언가에 의지하고 있다. 만물은 모두 무언가에 의지해 존재하고 움직이는 것이다. 의지하는 것을 따지고 올라가면 궁극적으로 하나님인 태일太一에 이르게 된다.

이들 두 그림자는 밖에만 있는 것이 아니라, 내 마음속에도 있다. 영은 마음이 밝은 때에 나타나는 의식의 그림자이고, 망량은 영에 가려져 있어 잘 보이지 않는 무의식의 그림자다. 영을 사회적으로 길들여진 순한 善의 그림자로 보면, 망량은 짐승처럼 사나운 不善의 그림자다. 특히 어릴 때 정서적, 신체적 또는 성적으로 학대를 받은 사람에게는 어두운 망량의 그림자가 항상 따라다닌다. 그러다가 마음이 괴롭고 우울해지거나 술에 취해 혼미해지는 등 특별한 환경에 처하면 무의식 속에 숨어있던 망량이 나타난다. 왜 그럴까? 몸속의 유전인자 때문일까? 사회적 환경 때문일까? 아니면 태일이 천지신명天地神明으로 하여금 그렇게 만들었을까?

11

나비의 꿈

물화物化

어젯밤 장주莊周가 나비가 된 꿈, 즉 호접몽蝴蝶夢을 꾸었지요. 한 마리의 나비가 되어 아주 유쾌하게 마음 가는 대로 훨훨 날아다녔다고 합니다. 자기가 장주라는 것조차 잊고서 말이죠. 그러다가 갑자기 깨어보니 자기가 장주였다는 거예요. 장주가 나비가 되는 꿈을 꾸었는지, 아니면 나비가 장주가 되는 꿈을 꾸었는지 알 수가 없었다는 것입니다.

장주와 나비 사이에는 어떤 구별이 있을 겁니다. 그러나 지금은 도대체 누가 장주이고, 누가 나비인지를 모르겠다는 것이지요.

이런 것을 '물화物化'라고 합니다.

만물은 개개의 사물[개물個物]이 홀로 독립된 세계가 아니다. 이것이 있기에 저것이 존재하는 상호의존 관계인 것이다. 장자는 인간이 수신修身하여 속물의 세계에서 벗어나면 개물 사이의 구별이 없어져 자유롭게 서로를 넘나들어 만물 모두가 한몸이 됨을 '물화'라 했다. 물화의 경지에 이르면, 사물에 대한 차별의식이 사라지고 신선처럼 자유로운 세계에서 노닐게 된다는 것이다.

"한 장의 종이 위에서 흘러가는 구름을 볼 수 있다. 구름이 없으면 비가 오지 않고, 비가 오지 않으면 나무가 자랄 수 없다. 또한, 나무가 없으면 종이를 만들 수 없다. 구름이 여기에 없으면 종이 역시 여기에 없는 것이다. 따라서 구름과 종이는 '상호존재inter be'하는 것이다. … 좀 더 자세히 관찰하면 이 종이 안에 들어있지 않은 것은 단 하나도 없다. 시간, 공간, 지구, 비, 토양 속의 광물질, 햇빛, 구름, 강, 이 모든 것이 종이 한 장 속에 공존하는 것이다."

–《이른 아침 나를 기억하라》, 틱낱한

'양생주養生主'는 생명을 활기차게 북돋는 요체라는 뜻이다. 내 생명을 살리는 주체는 '나'이고, 그 대상은 신체가 아니라 마음이며, 그 방법은 자연의 순리에 따르는 것이다. 다시 말해 내가 내 생명을 살리는 주인이 되어, 자연의 순리에 따라서 나의 마음을 잘 함양하는 양심養心이 곧 양생養生의 핵심이라고 설명한다.

장자는 양생의 과정을 3단계로 나눠 설명하고 있다.

첫 단계는 보신保身이다. 우선 몸을 보양해야 한다. 장자가 살았던 전국시대 중기는 부덕한 군주가 오로지 자신의 명예와 이익만을 위해 전쟁을 일삼던 암흑시대였다. 천하에 인의仁義가 통하지 않던 험한 세상에서는 우선 살아남아야 한다. 구설수에 오르면 살아남지 못하니까 유식한 체하며 자신과 무관한 일에 끼어들지 말라고 당부하고 있다.

두 번째 단계는 마음의 자유를 누리는 유인유여遊刃有餘의 생활이다. 인생은 짧으니, 남을 속이고 이익을 취하려는 세속적 지식을 얻으려고 시간 낭비하지 말고, 마음을 닦는 데 힘써야 한다는 것이다.

세 번째 단계는 득도得道이다. 내가 내 생명의 주인이 되어 꿩처럼 자유의 경지에서 노닐어야 삶의 고통에서 벗어날 수 있고 하늘이 주신 수명을 누릴 수 있다.

제3장

생명을 살리는 길

양생주養生主

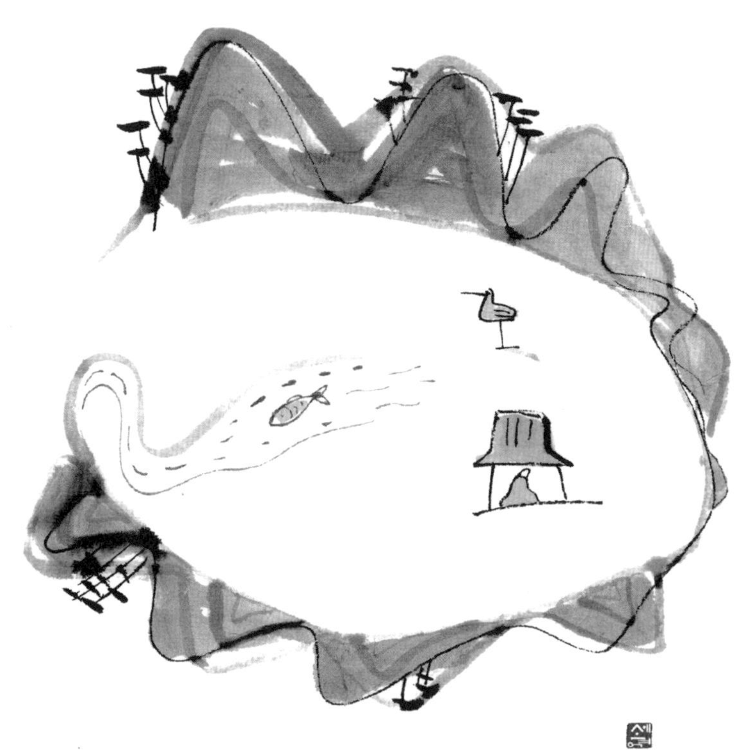

01

인생은 짧은데

위악무근형爲惡无近刑

인생은 유한한데, 알고자 하는 지식은 무한해요. 유한한 삶에서 무한한 지식을 추구하려는 것은 참으로 피곤한 일이지요. 그럼에도 세속인들처럼 간교한 지식을 추구하려고 한다면 이는 자신을 더욱 피곤하게 만들 뿐이고, 끝내 달성할 수도 없습니다.

선한 일을 하더라도
명성을 얻으려고 하지는 말고[위선무근명爲善无近名],
부득이 악한 일을 하더라도
형벌을 받을 정도로는 하지 말아야지요[위악무근형爲惡无近刑].
……
자연 변화의 순리에 순응하여 움직이면

몸을 보전할 수 있고[보신保身],

천성도 보전할 수 있고[전생全生],

부모 친척도 봉양할 수 있으며[양친養親],

하늘이 주신 수명을 누릴 수 있는 것이지요[진년盡年].

02

소 잡는 예술

포정해우庖丁解牛

고기를 취급하는 요리사, 포정庖丁이 문혜군文惠君을 위해 잡은 소를 부위별로 분해했습니다. 그가 손을 대고 어깨를 기울이고 발을 디디고 무릎을 굽힐 때마다 쓰윽 쓱 살과 뼈가 발라지는 소리와 사악 싹 칼이 움직이는 소리가 나는데, 음률에 맞지 않는 소리가 없었다고 합니다. 마치 동작 하나하나가 상나라 무곡[상림桑林]의 리듬에 맞춰 춤추는 것 같고, 요나라 악곡[경수經首]을 연주하는 것만 같았다는 것이에요.

문혜군文惠君
전국시대 위衛나라의 3대 군주. 《맹자》에 나오는 양혜왕梁惠王과 같은 이름이다.

문혜군: 하아! 기막히군, 기술이 어찌 이런 경지에 이를 수 있는가!

포정: 〈칼을 내려놓으며〉 신臣이 진정으로 추구하는 것은 '道'입니다. 그런데 그 道는 저의 기술 수준을 초월해서 아주 멀리 있습니다. 처음 제가 소를 부위별로 가르기 시작했을 때는 눈에 보이는 것이 온통 소뿐이었습니다. 그리고 3년이 지나자 소 전체의 모습이 눈에 띄지 않게 되었습니다. 이제는 소를 가를 때 눈으로 보지 않고, 신령스런 직감에 따라서 움직입니다. 감각기관은 멈춰있고 정신적인 직감에 의지해서 움직이지요.

소의 일반적인 생리구조[천리 天理]와 그 소만이 지닌 특성[고연 固然]을 함께 살펴가며 고기의 섬세한 결을 따라서, 서로 연결된 근육 사이로 칼을 대고, 뼈와 뼈 사이의 틈을 가릅니다. 아직 인대나 힘줄을 베어 본 일이 없습니다. 물론 큰 뼈야 칼이 닿을 일이 없지요.

훌륭하다는 요리사들이 해마다 칼을 바꾸는데, 그건 근육을 자르기 때문이지요. 보통 수준의 요리사라는 사람은 달마다 칼을 바꾸는데, 그건 뼈에 칼이 부딪치기 때문입니다. 저는 오늘까지 이 칼을 쓴 지가 19년이 되었고, 그동안 잡아 분해한 소가 수천 마리지요. 그럼에도 이 칼은 막 숫돌에 갈아 나온 것처럼 예리합니다.

소의 골절 사이에는 틈이 있고, 이 칼날은 두께가 없습니다. 이렇게 매미 날개처럼 얇은 칼날이 골절 사이의 틈으로 들어가니, 텅 빈 것처럼 넓어 아무리 칼을 움직여도 공간이 넉넉합니다[유인유여遊刃有餘]. 그래서 19년이나 지났는데도 이렇게 칼날이 막 숫돌에 갈아서 나온 것처럼 예리한 것입니다.

유인유여遊刃有餘
칼날을 놀리는데 여유가 있다. 솜씨 있게 일을 처리하다.

설령 그렇다 하더라도, 근육과 뼈가 뒤엉켜 있는 곳에 이를 때마다 이곳은 칼질하기가 어렵다는 것을 알기 때문에 항상 신중하고 조심하며, 정신을 모아 시각을 한 곳에 집중하느라 동작이 느려집니다. 칼을 섬세하게 움직이면 땅에 흙덩이가 떨어지듯 '툭' 하고 고기가 갈라지지요. 이럴 때 칼을 들고 일어서서 사방을 둘러보고 잠시 마음을 추스른 다음 흐뭇한 마음으로 칼을 세심하게 닦고서 갈무리를 합니다.

문혜군: 아주 좋아요! 나는 오늘 포정의 말을 듣고 근본적으로 생명을 기르는 법인 '양생지도養生之道'가 무엇인지를 깨달았네!

'포정해우庖丁解牛'는 사회에서 가장 천한 백정이 하늘같은 임금에게 소를 잡는 기술로 양생지도養生之道를 가르쳤다는 유명한 이야기다. 장자는 사람의 정신[精氣]을 칼에 비유하고, 복잡한 세상사를 소의 몸 조직에 비유하였다. 나라의 일처리도 마찬가지라는 설명이다. 문혜군이 포정한테서 배운 '양생지도'란 무엇일까?

포정해우庖丁解牛
포정이 소를 잡다. 사물의 객관적인 규율을 꿰뚫어 이해하고 나면, 일을 자유자재로 할 수 있음을 비유하는 말이다

첫째, 포정이 수천 마리의 소를 가르고도 막 숫돌에 갈아서 나온 것처럼 칼을 예리한 상태로 잘 관리하듯이, 자신의 칼[精氣]을 함부로 휘두르지 않고 사랑하고 아낀다는 점이다.

둘째, 어려운 일에 부딪힐수록 그 문제의 특수성인 고연固然과 일반적 성질인 천리天理를 명확하게 파악하여 안 다음 느긋이 풀어나갔다. 여기에서 유인유여 遊刃有餘 라는 유명한 성어가 나온다. 문제를 풀어가는데 여유가 있다는 뜻이다. 어리석은 통치자는 조급하게 허둥거리다가 핵심문제를 놓치기 때문에 하는 일마다 불협화음이 나오고, 칼을 무리하게 휘둘러 뼈마디가 부서지기도 하며, 칼을 부러트리기도 한다.

셋째, 포정은 소를 해체하는 과정 중에서 즐거움을 찾아내고 스스로 즐길 줄을 알았다. 《논어》에 "어떤 것을 아는 사람은 좋아하는 사람만 못하고,

좋아하는 사람은 즐기는 사람만 못하다.〈知之者, 不如好之者; 好之者, 不如樂之者〉”고 했다. 포정은 소를 해체한 결과로 얻어지는 돈이나 어떤 성과에 목적을 두지 않고, 과정을 즐겼기 때문에 하찮게 여기는 소 잡는 기술을 예술적 창작의 경지로 끌어올린 것이다.

장자는 해우지도解牛之道에 빗대어, 사람이 자기의 생명을 잘 북돋우는 양생지도養生之道와 통치자가 나라를 잘 다스리는 통치지도統治之道를 설파하고 있는 것이다. 어느 것이나 고연과 천리에 따라 '유인유여'해야 한다는 점이다.

03

꿩 한 마리

제지현해帝之縣解

송나라의 공문헌公文軒이 우사(右師:관직명)의 모습을 보고 놀라 말했습니다.

공문헌: 이게 어찌 된 사람이오? 어떻게 외발이가 된 것이오? 하늘이 한 일이오, 아니면 사람이 한 짓이오?

〈공문헌이 다시 말을 바꾸어 말했다.〉

이건 하늘이 한 일이지, 사람이 한 짓이 아니야. 하늘이 이렇게 외발이가 되게 만든 것이오. 왜냐면 사람의 모습은 본래 하늘로부터 부여받는 것이거든. 그러니까 이건 틀림없이 하늘이 그렇게 되게 만든 것이지, 사람이 한 짓은 아니야.

늪에서 꿩 한 마리가 열 걸음 가다 겨우 한 입 쪼아 먹고, 백 걸음 걸어가다 물 한 모금 마시지만, 그렇게 힘들게 살아도 새장 속에 갇혀 사는 걸 바라지 않지.

겉보기엔 새장 속에 갇혀 사는 게 잘 먹고 잘사는 것처럼 보이지만, 마음이 자유스럽지 못하다네.

〈비록 외발이라 불편하지만, 마음의 자유를 얻어 유유자적하며 사는 것이 행복한 삶이라는 것이다.〉

▲ ▲ ▲

노담(老聃: 노자)이 죽었을 때, 진실秦失이라는 사람이 문상하러 가서 곡을 세 번만 하고는 나왔다고 합니다. 그러자 지켜보던 노담의 제자가 진실에게 물었습니다.

제자: 선생님은 노담 선생님의 친구가 아니신지요?

진실: 친구지.

제자: 그런데 이렇게 문상하셔도 친구에 대한 예의라 할 수 있을까요?

진실: 그럴 수 있지. 처음엔 나도 여기 모인 사람들 모두 괜찮은 사람들이라고 생각했는데, 지금 보니 그렇지가 않아. 방금 들어가 문상하는데, 어떤 노인은 마치 자기 자식을 잃은 것처럼 슬퍼하고, 젊은이는 마치 자기 모친이 돌아가신 것처럼 울더군. 이렇게 많은 사람이 모여 불필요하게 말들을 주고받으며 울고 또 우는 것은 '천리'를 어기는 것이고, 사람으로서의 순수한 정을 배반하는 것이며, 하늘로부터 부여받은 본분을 잊은 것이야. 옛날 사람들은 이를 '둔천지형遁天之刑'으로 보았다네.

둔천지형遁天之刑
천리天理를 위반하는 죄. 자연스럽지 못한 행위. ※ 둔遁: 위반하다. 피하다.

노담 선생은 이 세상에 내려와야 할 때 내려온 것이고, 이 세상에서 떠나가야 할 때 간 것이라네. 오고 가는 것 모두 '천리'이고 자연의 도리인데, 여기에 슬퍼하거나 기뻐하는 감정이 끼어들 틈이 없다는 말이지. 옛날 사람들은 죽음이란 삶의 고통에서 벗어나 자유를 찾아가는 일, 즉 '제지현해帝之縣解'라고 말했다네. 그러니 어찌 슬피 울어야 할 필요가 있겠는가?

기름은 나무에 불을 지피고 나서 그 형체 가 사라지지만, 불은 나무에 전해져 계속 타는데, 기름은 언제까지 그 나무가 타고 있을지를 모른다네![지궁우위신, 화전야, 부지기진야指窮于爲薪, 火傳也, 不知其盡也.]

제지현해帝之縣解
조물주가 매달아 놓은 고통의 끈을 푸는 일. ※ 제帝: 조물주. 현縣: '현懸'과 같다. 매달다. 현해懸解: 매달림에서 풀림. 고통에서 벗어남.

깊은 산 계곡에 허름한 집 한 채와 닭장이 있다. 닭들은 해 뜨면 닭장을 나와 가까운 언덕을 돌아다니며 노닐다가, 해지면 스스로 닭장에 들어와 쉰다. 닭장에는 먹고 마시고 알 낳고 나무 가지위에 올라가 쉴 수 있는 온갖 편의 시설은 물론이고, 사나운 짐승이 들어오지 못하도록 방범시설까지 갖춰져 있다. 주인이 알을 가져가고 동료 닭을 잡아가 모가지를 비틀어도 관심 없고, 오로지 지금 모이통에 모이가 있으면 만족해하며, 그저 편히 산다.

건너 숲에 사는 꿩은 아무데나 날아다니면서 지내지만, 열 걸음가다 한 입 쪼고, 백 걸음가다 물 한 모금 먹으며 무척 힘들게 살아간다. 겨울철 춥고 눈이 쌓인 때에는 아예 물 한모금도 마시지 못하고 줄곧 굶고 지낸다. 또 사나운 짐승이나 사람들에게 잡혀 먹힐까 언제나 두리번거리며 불안하게 살지만, 스스로의 삶을 살면서 천수를 누린다.

닭은 주인에게 많은 신세를 지면서 목숨을 하루하루 이어가는 정적인 삶이고, 꿩은 자기의지로 살아가는 동적인 삶이다. 닭장에서 편안하게 배불리 먹고 사는 닭들과 들녘에서 힘들게 살지만 자기 운명의 주인노릇을 하며 사는 꿩 중에서, 어느 쪽 삶이 더 행복할까?

비정한 세상에서 한 조직의 일원으로 살아갈 수밖에 없다면, 어찌 살아가야 할까? 장자는 한 걸음 뒤로 물러나 처세하라 한다. 물러남은 도피가 아니라 더 넓은 자유를 찾아가는 방법이다. 바로 현실을 살아가는 사람을 위한 처세 철학이다. 그리고 실천 방법으로 '심재心齋'와 '무용지용无用之用'을 제시하고 있다.

공을 세우려 하고, 잘 보이려 하고, 자신의 장점을 나타내 자랑하는 것은 처세의 금기사항이다. 자신을 밖으로 나타내면 낼수록 곧 다른 사람의 폄하가 시작되고, 뜻밖에 후환을 초래하게 된다.

쓸모 있게 보이는 나무는 잘 베어지지만, 쓸모없게 보이는 나무는 오래 살아남아 천수를 누리는 법이다. '도광양회韜光養晦'라는 성어가 있다. 비정한 세상에서는 자신의 재능이나 명성을 드러내지 않고 조용히 실력을 기르며 기다리고 있다가 뜻을 펼칠 기회가 오면 그때 가서 드러내야 한다는 뜻이다. 즉 작은 쓰임에 연연하기보다 큰 쓰임을 기다린다는 말이다. 만일 그런 기회가 오지 않는다면 그것도 하늘의 뜻이니 체념하고 그냥 살아갈 수밖에……. 장자는 무엇보다도 생명을 지키는 일이 가장 소중하다는 점을 강조하고 있다.

제4장

험한 세상 살아가는 법

인간세 人間世

01

부덕不德한 군주 앞에 나서지 마라

익다益多

안회顔回가 그의 스승 공자를 만나, 떠나가겠다고 하며 나누는 이야기입니다.

공자: 어디로 가려는가?

안회: 위나라로 가려고 합니다.

공자: 가서 무엇을 하려는가?

안회: 듣자니, 위나라 임금이 젊은 나이에 혈기가 왕성하여 독선적이고 경솔하게 국가 대사를 처리하면서도 자신의 과오를 모른답니다. 백성들의 죽음을 가볍게 여겨, 나라 안에 시체들이 마치 늪지의 말라버린 풀잎들처럼 차고 넘치고, 살아있는 백성들도 산 게 아니랍니다.

일찍이 선생님께서 하신 말씀이 생각납니다. '안정된 나라를 떠나 혼란한 나라로 가라. 훌륭한 의원 집 앞에 병자가 많은 법'이라는 말씀에 따라, 위나라로 가서 병자들을 얼마나마 치료해주고 싶습니다.

공자: 아아! 네가 거기 가면 처벌이나 받겠지. 道는 그런 혼잡한 곳에서는 통하질 않아. 혼잡하면 곧 잡다한 일이 많이 생기고, 잡다한 일이 많으면 곧 일들이 꼬이고, 일들이 꼬이면 곧 우환이 생겨나고, 우환이 생기면 곧 남을 구해줄 수 없게 되는 것이야.

옛날 도인(道人: 至人)들은 먼저 자신에게 충실히 하여 우환이 생기지 않게 하고, 그런 다음에 다른 사람을 도와주었지[선존제기이후존제인先存諸己而後存諸人]. 만일 자신에게 충실하지 못해 우환이 생기게 된다면, 어떻게 폭군의 행위에 간여할 수 있겠는가?

더구나 너는 덕德이 왜 무너져 내리고, 지知라는 것이 어디에서 나오는지 아느냐? 德이 무너진 것은 사람들이 명예를 추구하기 때문이고, 知는 서로 싸워 이기려는 데에서 나온 비정상의 지혜인 것이야. 명예라는 것은 사람들이 서로 다투게 만드는 원인이 되는 것이고, 비정상의 지혜는 사람들이 서로 다투게 만드는 기구가 되는 것이야. 비정상의 德과 知, 이 두 가지는 흉기나 다름없으니 세상에 쓰여서는 안 되는 것들이야.

다시 말하면, 덕이 두텁고 신뢰성이 높은 행위라 할지라도 사람들이 이를 이해하지 못할 수도 있고, 설령 명예를 다투지 않는 사람일지라도 너의 본심을 완전히 그에게 전달할 방법이 없다는 것이지. 그럼에도 억지로 인의仁義라는 규범을 포악한 사람 앞에서 말하면 그는 네가 그의 포악하다는 단점을 이용하여 자기의 미덕을 드러내 과시하며, 그를 해친다고 생각할 거야. 남을 해치면 반드시 그 해침이 되돌아와 자신을 해치는 법인데, 네가 그로부터 해를 입을까 걱정이구나.

……

또 만일 위나라 임금이 어진 이를 좋아하고 어리석은 자들을 싫어한다면 어찌 굳이 너로 하여금 색다른 일을 하게 하겠느냐? 네가 아무런 말도 하지 않으면 위나라 임금과 왕공王公 대신들은 반드시 자기의 권세를 등에 업고 너와 승부를 겨루려고 대들 것이다.

그렇게 되면 네 눈은 어리둥절해질 것이고, 네 얼굴은 억지로 태연한 척할 것이고, 네 입은 무슨 말인지 자신도 모르는 말로 어물거릴 것이고, 네 태도는 우물쭈물 주눅이 들것이고, 네 마음도 점점 그들이 주장하는 쪽으로 기울어질 것이니라.

그것은 말하자면, 불을 가지고서 불을 구하고 물을 가지고서 물을 구하는 짓[이화구화以火救火, 이수구수以水救水]이야. 이를 '익다(益多: 幇凶, 멍청한 짓)'라고 말하지. 처음에 한번 따르면 끝없이 끌려가기 마련이야. 만일 너를 불신하는 사람에게 솔직하게 말하다가는 그 포악한 사람의 손에 반드시 죽을 것이니라.

다시 말하면, 옛날 하夏나라의 걸桀왕이 충신인 관용봉關龍逢을 죽이고, 은殷나라의 주紂왕은 왕자 비간比干을 왜 죽였을까. 이 둘은 바르게 수양하여 덕망을 갖추었지만, 신하의 지위에서 백성을 위하다가 임금의 뜻을 어겼다는 것이야. 그들의 덕망이 오히려 임금에게 그들 자신을 제거하도록 하는 빌미를 준 셈이지. 이 두 경우는 모두 명예를 좋아하다가 결국 죽게 된 이야기야.

옛날에 요임금이 총叢, 지枝, 서오胥敖의 소국小國을 치고, 우왕이 유호有扈 마을을 쳤는데, 이 때문에 나라가 폐허가 되어 버렸고, 임금은 피살당했지. 끝없이 병력을 동원하고 이익을 탐하다가 그렇게 된 것이야. 모두 명예와 이익을 추구한 결과지. 그런데 네가 이런 이야기를 들었더라도 그런 명리를 물리치기란 성인도 어려워하는 일인데, 하물며 네가 어찌 이겨낼 수 있겠느냐? 그렇지만 너에게 어떤 생각이 있을 터이니, 어디 한번 말해보아라. 들어보자.

02

마음 비움

심재心齋·허실생백虛室生白·좌치坐馳

〈이어서 안회가 대답했다.〉

안회: 단정하고 겸허하며, 근면하고 심지를 곧게 가지면 될까요?

공자: 아니, 안 되지. 위나라 임금은 심성이 강건하고, 잘난 체하며 변덕이 심해서 보통사람들은 누구도 감히 그의 뜻을 거스르지 못해. 그래서 다른 사람의 감정은 짓눌러버리고 무엇이든 자기 마음 내키는 대로 해버리지.

네가 매일 작은 덕으로써 그를 감화시키려 한들 씨알도 먹히지 않을 텐데, 하물며 큰 덕이 무슨 소용이 있겠는가? 그는 완고해서 변화시킬 수 없어. 겉으로는 들어주는 척할지 모르지만, 마음으로는 조금도 받아들이지 않을 텐데, 너의 방법으로 어찌 통하겠느냐?

안회: 그러면 저는 속으로는 곧은 마음을 지니되 겉으로는 굽실거리며[내직이외곡內直而外曲], 또 제 의견을 말할 때도 옛 성현의 말씀에 비유해서 표현하겠습니다.

심지가 곧은 사람은 '하늘과 벗한 사람[여천위도與天爲徒]'이고, 하늘과 벗한 사람은 천자天子나 저나 모두 하늘이 낸 자식이 분명한데, 제 말을 누가 인정을 하든 하지 않든 상관이 있겠습니까? 사람들은 저와 같은 사람을 순진한 어린아이 같다고 할 것이고, 이것이 곧 '하늘과 벗한 사람'이라는 뜻입니다.

굽실거리는 사람은 '세상 사람과 벗한 사람[여인위도與人爲徒]' 입니다. 군주를 향하여 패를 들고 무릎을 꿇고 절하는 것은 신하의 예절입니다. 모두가 그렇게 하는데 저라고 그렇게 하지 않을 수 있겠습니까? 저도 다른 사람들처럼 하면 사람들이 흠잡을 수가 없습니다. 이것이 곧 '세상 사람과 벗한 사람'이라는 뜻입니다.

또 제 의견을 말하되, 옛 성현의 말씀에 비유해서 표현하는 것은 '옛 성현과 벗한 사람[여고위도與古爲徒]'이니, 제가 하는 말 속에 설령 가르치는 뜻이 들어있더라도 그것은 제가 하는 말이 아니라 옛 성현이 하시는 말씀이 됩니다. 이렇게 하면 아무리 직언을 하더라도 큰일 날 일이 없을 것입니다. 이것이 '옛 성현과 벗한 사람'의 뜻입니다. 이런 식으로 하면 되겠습니까?

공자: 아니, 안 되지. 꾸민 곳이 너무 많아서 마땅치가 않구나! 그 방법이 비록 고리타분하긴 하지만 벌은 면할 수 있겠다. 그러나 그저 그

뿐이야. 그것으로 어떻게 그 사람을 변화시킬 수 있겠는가? 아직도 너는 편견을 고집하는구나!

안회: 저에게는 더는 좋은 방법이 없습니다. 부디 선생님께서 좋은 방법을 가르쳐 주십시오.

공자: 너에게 다시 말하는데, 먼저 재齋하라. 네 마음속에 들어있는 편견을 가지고 가 일하기가 어디 쉬운 일이겠느냐? 만일 쉽다고 생각한다면 그것은 자연의 도리에 맞지 않아.

안회: 저의 집은 가난해서 술도 마시지 못하고, 양념한 음식을 먹지 못한지가 몇 개월이 지났습니다. 이런 것을 齋라 할 수 있습니까?

공자: 그건 제사 때의 재계齋戒이지, 심재心齋가 아니야.〈육체적이나 의식에 의한 비움이 아니라, 마음을 비우는 것이 심재이다.〉

안회: 무엇이 심재인지 말씀해 주십시오.

공자: 〈공자가 심재의 요령에 관하여 설명한다.〉

① 먼저 심지를 하나로 모으라.〈若一志〉

② 귀로 듣지 말고, 마음으로 깨달으라.〈无聽之以耳而聽之以心.〉

③ 마음으로 깨닫지 말고, 기氣로써 감응해라.〈无聽之以心而聽之以氣.〉

심재心齋
무아无我의 경지에 이른 상태.
※ 허정虛靜, 허심虛心, 좌망坐忘, 상아喪我
※ 좌망坐忘: 욕심을 버리고, 편견을 버리고, 잡념을 버린 상태. '심재心齋'와 같다.

④ 귀는 바깥소리를 들을 뿐이고, 마음은 바깥 현상에 감응할 뿐이다.〈聽止于耳, 心止于符.〉

⑤ 氣는 허虛한 상태에서만 만물을 받아들이고,〈氣也者, 虛而待物者也.〉

⑥ 道는 오로지 그 虛한 상태에서만 모이는 것인데,〈唯道集虛.〉

⑦ 虛라는 것이 곧 심재이니라.〈虛者心齋也.〉

안회: 저는 이번 선생님이 말씀하시기 전까지 道와 虛에 관해 들어본 적이 없습니다. 말씀을 듣기 전까지는 저 자신이 '존재'하고 있었다고 생각해왔습니다. 그러나 이번 선생님의 '심재'에 관한 말씀을 듣고서 별안간 저 자신의 '존재'를 잃어버렸습니다. 이는 이미 순수한 虛의 경지에 도달한 것이 아닐까요?

공자: 너의 말이 아주 상세하구나. 너에게 말하는데 너는 심재의 경지에 들어가서 그 안에서 노닐 수가 있다. 명리의 유혹에 빠지지 말고, 다른 사람이 들어주면 너의 말을 하고, 들어주지 않으면 말하지 말고, 어느 영역에 들어가지 말고, 너른 장소에 나가지 말고, 항상 마음을 놓지 말고, 어찌할 수 없는 곳에서는 머무르고 운명에 맡겨라. 그러면 그런대로 괜찮을 것이다.

걷지 않아 흔적을 남기지 않는 건 쉬운 일이지만, 땅 위를 걸으면서 흔적을 남기지 않는다는 것은 어려운 일이야[절적이무행지란 絶跡易无行地難]. 사람을 위해 일할 때 속이기는 쉬우나, 하늘을 위해

좌치坐馳
몸은 앉아 있는데 마음은 밖으로 쏘다님. 정신이 산만함. '좌망坐忘'의 반대말.

일할 때는 속이기 어려운 일이지.

날개로 난다는 말은 들었겠지만, 날개 없이 난다는 말은 못 들었을 것이고, 지식이 있어서 사물을 이해한다는 말은 들었겠지만, 지식이 없는데도 사물을 인식한다는 말은 못 들었을 것이다.

너, 저 허虛한 곳을 보아라.

공허한 방이어야 명랑한 기운이 생겨나는 법이야[허실생백 虛室生白].

그러한 곳에 좋은 조짐이 머무르는 것이지.

만일 마땅히 그런 조짐이 머물러야 할 곳에서 머무르지 못한다면 이를 '좌치坐馳'라 부르니라.

만일 눈과 귀를 다스려 안으로 통달하게 하고, 상념은 밖으로 버려 마음을 비우면, 귀신(鬼神 신통력)도 들어와 머물 텐데, 하물며 사람이야 말할 나위가 있겠는가? 이 말은 만물의 변화 이치는 모두 같다는 뜻이니, 우임금과 순임금과 같은 성인통치자도 이런 이치를 터득한 것이고, 복희伏戱와 궤거几蘧라는 전설의 왕들도 모두 이런 이치를 지키고 실행했는데, 하물며 우리 보통사람들이야!

03

사물의 변화 흐름을 타고

음양지환陰陽之患·승물이유심乘物以遊心

초나라 섭공葉公 자고子高가 제齊나라에 사신으로 가기 전에 공자를 찾아갔다.

자고: 초楚나라 왕께서 저에게 부여한 사명이 막중합니다. 제나라는 다른 나라에서 온 사신에게 아주 정중하게 대접해 주지만, 일 처리는 서두르질 않습니다. 보통사람에게도 재촉하기란 어려운 일인데, 하물며 제후국 왕에게 어떻게 하겠습니까? 임무를 완수할 수 있을지 두렵습니다.

일찍이 선생님께서는 '일이란 건 큰 일이든 작은 일이든지를 불문하고 도리에서 벗어나 처리하여 결과가 잘 된 경우는 드물다. 만일 임무를 달성하지 못하면, 처벌을 당할 것이고, 성공해도 걱정으로 심기가 약해져

반드시 음양지환陰陽之患이 생길 것이다. 성공하느냐 못하느냐를 불문하고, 우환을 당하지 않을 사람은 德을 갖춘 사람뿐이다.'라고 말씀하셨습니다.

음양지환陰陽之患
음기와 양기가 균형을 잃어 생기는 병. 심리적·신체적 긴장 상태가 오래 지속되어 생기는 스트레스 질환.

저는 평소에 거칠고 담백한 음식을 먹습니다. 집에서 불을 피워 요리하는 사람도 음기와 양기를 조화시켜 요리하려고 수고해본 적이 없습니다. 그런데 오늘 아침에 왕명을 받고는 저녁에 얼음물을 마셨습니다. 속에서 열병이 난 것이겠지요? 아직 사신으로 가서 일을 시작하지도 않았는데 벌써 음양지환이 생긴 데다 그 때문에 일을 그르치기라도 하면 또 임금님으로부터 처벌을 받게 될 것입니다. 이렇게 되면 두 번 우환을 겪게 되는 셈인데, 저는 신하로서 이 일을 감당하기에 너무 부족합니다. 선생님께서 한 말씀 해주십시오.

공자: 천하에는 지켜야 할 계율이 두 가지가 있지요. 하나는 '명命'이고, 다른 하나는 '의義'입니다. 자식으로서 부모를 사랑하는 것은 하늘이 부여한 인성의 근본인 命이니, 이를 마음으로써 어떻게 해석할 수가 없지요. 신하가 임금을 義로써 섬기는 것은 인위적 규범으로, 어디를 가나 임금이 없는 곳은 없습니다. 천지 사이에 이 계율에서 벗어날 곳이 없으니, 이를 중요한 규율[천하대계天下大戒]이라 할 수 있습니다. 그러므로 자식은 부모를 공양하고, 어떠한 곳이든지 부모를 편안하게 해드리는 것이 최고의 효孝입니다. 신하는 임금을 섬기는데 어떠한 일이든지 임금을 편안하게 보필하는 것이 최고의 충忠이지요. 스스로 자신의 마음 수양에 힘쓰는 사람은 슬픔과 즐거움에 구애받지 아니하며, 어찌할 수 없이 일어난 일로 여기고 운명으로 편안하게 받아들이는 것이 최고의 德입니다.

신하나 자식이 된 자는 부득이하게 어떤 일을 처리해야 할 사정이 있기 마련인데, 그럴 경우에는 자신의 존재를 잊어버려야지요. 어찌 살기를 바라고 죽음을 두려워할[열생오사悅生惡死] 겨를이 있겠습니까? 선생께서는 이런 마음가짐으로 가셔야 합니다.

……

내가 들은 말을 전해주겠습니다. 무릇 가까운 나라와의 교제는 반드시 신의로써 관계를 맺고, 멀리 있는 나라는 충실한 말로써 맺는 것인데, 그 말은 반드시 사신을 통하여 전달되지요. 양쪽이 기쁜 일이나 분노하는 일을 말로 전달하기란 지극히 어려운 일입니다. 양쪽이 모두 기쁜 일은 좋은 말로 과장하고, 양쪽이 분노하는 일에는 기름을 첨가하고 초를 쳐서[첨유가초 添油加醋] 일이 더 나빠지도록 과장하지요. 이렇게 첨가한 말은 모두 허망하고 진실하지 못합니다. 진실하지 못한 말은 서로의 신뢰를 엷어지게 하고, 신뢰가 엷어지면 그 말을 전하는 사신이 화를 입습니다. 그래서 옛날부터 '과장하지 않고 평범한 말로 전하면 거의 안전하다.'라는 말씀이 전해오는 것이지요.

또 기교로써 힘을 겨루는 사람은 처음에는 따뜻한 분위기에서 시작하여 언제나 차가운 음모를 드러내는 것으로 끝을 맺지요[시양졸음 始陽卒陰]. 그리고 여러 가지 권모술수도 부립니다. 술자리도 처음에는 점잖게 음주하던 사람이 끝에는 언제나 난장판이 됩니다. 그것이 지나치면 음란한 쾌락이 나타납니다. 어떤 일에나 마찬가지입니다. 언제나 서로 좋게 시작하지만, 끝에선 서로 속이지요. 시작은 간단한데 끝에 가서는 일이 엄청나게 커지고 거칠어집니다.

……

'말'이란 바람에 이는 물결처럼 쉽게 변하기 마련[언자풍파 言者風波]이고, '행위'는 얻는 게 있으면 잃는 것도 있어서 위험을 초래하지요. '분노'는 언제나 말이 간교하거나 일방적일 때 생깁니다.

짐승을 궁지로 몰아 죽이려 할 때는 마구 소리를 질러대고, 사나워지고, 해치려고 대듭니다. 사람도 마찬가지로 지나치게 궁지로 몰면 반드시 악한 마음을 일으켜 보복하는 것이고, 보복을 당한 사람은 왜 이런 일이 생겨났는지도 모르는 사이에 당합니다. 어떻게 그 결과가 진행될지 누가 알 수 있습니까?

그래서 옛말에 '사신은 과도일야過度溢也, 즉 무엇이든지 정도가 지나치면 무익해지니, 임금께 받은 하명을 바꾸지 말고 목적을 달성하려고 지나치게 기를 쓰지 말라.'고 했지요. 하명 받은 내용을 고치거나 목적을 반드시 달성하려고 하면 아주 위험하다는 말입니다. 좋은 일은 오랜 시간이 걸려 이뤄지는 것이고, 한 번 잘못된 일은 뉘우쳐 고치려 해도 이뤄질 수가 없으니, 신중하지 않을 수 있겠습니까?

다시 말하면, 사물이 변화하는 흐름을 타고 마음 편히 지내시오[승물이유심乘物以遊心]. 부득이한 일은 외물의 변화에 맡겨두고 정신과 기운을 건강하게 잘 돌보는 게 최고입니다. 주어진 일을 반드시 성공하려 애쓸 필요가 있겠습니까? 하명을 진실하게 전달하는 것보다 더 좋은 것은 없습니다. 그게 어려운 일이지요.

04

사마귀가 무모하게 수레를 막아

당랑거철螳螂拒轍

노魯나라 현인, 안합顔闔이 위나라 영공靈公 태자의 스승이 되어 가기 전에 위나라 현인인 거백옥蘧伯玉을 찾아가 물었습니다.

안합: 여기 어떤 사람영공태자이 있는데, 그는 천성이 악독해서 만일 엄격하게 가르치지 않으면 나라에 해를 끼칠 것이고, 엄격하게 가르치자니 저에게 해를 끼칠 것 같습니다. 그의 지능은 겨우 남의 잘못을 알아볼 정도는 되지만, 자신의 잘못을 알아보지는 못합니다. 이런 사람을 어찌해야 할까요?

거백옥: 좋은 질문이요. 항상 경계하되 신중하세요! 몸가짐을 단정히 하세요! 겉으로는 그에게 친근한 태도를 보이고, 마음속으로는 부드럽게 이끌도록[화유和誘] 하세요. 설령 이처럼 두 가지를 병행해도 겉으로

드러나지 않는 위험은 존재합니다.

그에게 친근한 태도를 보이되 지나치게 친근하지 말 것이며, 그를 화유할 때도 지나치게 나타내지 마세요. 지나치게 친근하고 마음까지 빠져들면 반드시 질서가 무너지고 상처를 입고 재앙을 초래합니다. 또 화유하려는 마음이 지나치게 겉으로 나타내면 그가 당신을 개인의 명성을 얻으려고 그런다고 오해하게 되어 오히려 화가 생길 수 있습니다.

태자가 만일 어린애처럼 천진난만하게 놀면 당신도 어린애가 되어 함께 놀아주고, 그가 분별없이 멋대로 굴면 당신도 따라서 멋대로 행동하고, 그가 자신을 억제하지 못하고 무절제한 짓을 하면 당신도 그렇게 하십시오.

이렇게 흠을 잡히지 않고 그를 화유하여, 실수가 전혀 없는 경지에 들어가야 합니다.

……

당신은 당랑(螳螂 사마귀)을 모르나요? 그가 두 팔을 치켜들고 다가오는 수레에 맞서는데, 그의 능력으로 감당할 수 없음을 모르는 것이지요. 이는 제 재능이 대단한 줄로 과신하는 까닭이겠지요. 조심하고 신중해야지요. 그래서 제 분수를 모르고 약자가 강자에게 겁 없이 대드는 짓을 당랑거철螳螂拒轍이라고 합니다. 자신의 재능만을 믿고 과시하며 남을 무시하는 것은 위험한 일이오.

……

당신은 호랑이를 키우는 사람의 이야기를 아나요? 호랑이에게는 먹

이를 산 채로 주지 않습니다. 먹이를 물어 죽일 때 난폭한 기색[노기怒氣]이 보일까 두렵기 때문이지요. 또 먹이를 통째로도 주지 않아요. 먹이를 물어 찢을 때 노기가 생겨날까 염려되기 때문입니다. 호랑이가 배고플 때와 배부를 때를 보아 노기를 잘 조절하는 것입니다. 호랑이가 사람과 다르지만 기르는 사람에게 고분고분한 것은 그의 심성에 따라서 잘 관리하기 때문입니다. 그런데 호랑이에게 상해를 입은 사람이 있는 것은 그가 호랑이의 심성을 거슬렀기 때문이지요.

……

또 말을 무척 사랑하는 사람이 있었는데, 좋은 광주리로 똥을 받아내고, 좋은 물통으로 오줌을 담아낼 정도로 말을 보살폈지요. 어느 날 그가 말 엉덩이에 쇠파리가 붙어있는 것을 보고 느닷없이 쇠파리를 탁 치자, 놀란 말이 재갈을 물어 잘라버리고 뒷발질을 하는 바람에 말에 치여 죽고 말았지요. 말을 극진히 사랑하지만, 그 방법이 잘못된 것입니다. [의유소지이애유소망意有所至而愛有所亡] 어느 일이든 신중해야지요!

05

거창한 상수리나무의 생존 비법

산인 散人

석石이라는 목수가 제나라로 가다가 곡원曲轅이라는 곳을 지날 때, 사묘(社廟 토지 신에게 제사 지내는 사당) 부근에서 상수리나무를 보았습니다. 나무 크기는 그 그늘이 수천 마리의 소를 가릴 정도이고, 밑동은 백 아름이나 되며, 높이는 산꼭대기에 이르렀고, 바닥으로부터 열 길도 넘는 높이에 맨 아래의 가지가 뻗어 나왔는데, 그 나무를 베어 배를 만들면 10여 척은 만들 수 있을 정도였습니다.

상수리나무를 보려고 구경꾼들이 모여들어 장터처럼 북적거렸는데, 목수는 거들떠보지도 않고 앞으로 걸어갈 뿐이었습니다. 제자는 넋을 잃고 구경하다가 멀리 가는 목수에게 달려갔습니다.

제자: 제가 도끼를 들고 선생님을 따라다녔지만, 저렇게 좋은 목재를 본 적이 없습니다. 그런데 선생님은 거들떠보지도 않고 지나치시니, 어찌 된 영문입니까?

목수: 그만둬, 더 말하지 말게, 쓸모없는 잡목일 뿐이야. 그것으로 배를 만들면 바로 가라앉을 것이고, 관을 짜면 빨리 썩어버릴 것이고, 용구함을 만들면 쉽게 부서지고, 문짝을 만들면 나뭇진이 흘러나오고, 기둥을 만들면 좀이 슬 것이니, 목재로써 조금도 쓸모가 없네. 그래서 저리 장수를 누린 것이야.

목수가 집에 돌아와 밤에 꿈을 꾸었는데, 낮에 본 상수리나무가 나타났다.

상수리나무: 석 선생! 나를 무슨 나무에다 비교하는가? 쓸모가 있다고 말하는 저런 평범한 나무와 나를 비교하는가? 산사나무, 배나무, 귤나무, 유자나무와 같은 열매 나무인가? 그런 나무들은 열매가 익자마자 사람들에게 따먹히느라고 큰 가지는 꺾이고, 작은 가지는 찢기며 온갖 수모를 겪지. 이 모든 것은 열매를 맺는 유용함 때문에 자신의 삶이 고달파진 것이야. 고생하다가 천수를 누리지 못하고 요절하지. 스스로 고난을 초래한 것이야. 세상에서 '유용하다'는 것은 다 이와 같은 것이라네.

나는 세상에서 아무 쓸모 없는 존재가 되려고 갖은 방법을 추구한 지 이미 오래되었지. 몇 번이나 죽을 고비를 넘기고 오늘에 이르렀는데,

이제야 사람들이 그늘 밑에서 쉬고 구경도 하는 등 큰 쓸모가 생겨난 것이지. 만일 저런 나무들처럼 젊어서 쓸모가 있었더라면 지금과 같이 거대한 나무로 자랄 수 있었겠는가?

하물며 당신이나 나나 하찮은 물건에 지나지 않는데, 어찌 나만을 보고 하찮은 물건이라고 한단 말인가? 당신은 곧 죽을 산인(散人 보통사람, 하찮은 존재)인데, 어찌 나를 보고 산목(散木 하찮은 나무)이라 하는가?

목수가 깨어나서 제자에게 꿈 이야기를 해주었다.

제자: 그렇게 쓸모없기를 바랐다면, 어찌 사묘 부근에서 사수(社樹 사당을 지키는 나무) 노릇을 했을까요?

목수: 그만! 그렇게 말하지 말라. 그는 단지 사묘에 의탁하고 있을 뿐이야. 그런데 사람들은 그의 본뜻을 이해하지 못하고 사수라고 말하는 것이라네. 만일 그가 사수 노릇을 하지 않았다면 잘려나갔을지도 모르는 일이야. 저 나무는 자신을 보전하는 방법이 우리 사람들과 다르다네. 만일 보통 사람들의 판단 기준으로 그를 평가한다면, 그것은 아주 빗나가고 말아!

06

흰점박이 소와 들창코 돼지

항비 亢鼻

남백자기가 상구商丘에 놀러 갔다가 거창한 나무를 보았는데, 보통 나무와는 달리 수레 천 대가 나무 그늘에서 쉴 수 있을 정도였습니다.

자기: 이 무슨 나무야? 이 나무는 분명히 보통나무와는 다른 쓸모가 있겠지?

그러나 위로 가지를 올려다보니, 꾸불꾸불 꼬부라져 기둥으로도 들보로도 쓸 수가 없었습니다. 그리고 아래로 큰 둥치를 보니 나뭇결이 꼬여서 널감으로도 쓸모가 없어 보였습니다. 잎을 핥으면 입이 부르터 상처를 입고, 냄새를 맡으면 취해서 3일간 깨어나지 못할 정도였답니다.

자기: 이 나무는 정말 재목으로 쓸모가 없네. 그래서 이처럼 거목으

로 자란 것이로구나! 신인들도 이처럼 속세 사람들의 보통 기준으로 보기에는 무용지물이었을 것이야!

송나라 형씨荊氏의 고장은 가래나무, 잣나무, 뽕나무가 잘 자라는 곳입니다. 그중에 한 손으로 쥘 정도보다 굵은 나무는 원숭이를 맬 말뚝감으로 베어 가고, 서너 아름 되는 나무는 집 짓는 사람이 들보 감으로 베어 가며, 일곱 아름이나 여덟 아름의 나무는 귀족이나 부자들이 널감으로 베어 가지요. 그래서 이런 나무들은 제 수명을 살지 못하고 중도에 도끼에 찍혀 죽습니다. 이거야말로 쓰임새가 있기에 당하는 재난입니다.

또 예로부터 주술사들은 죄를 면하고 복을 빌기 위해 황하에 제사를 지낼 때 흰점박이 소나 콧구멍이 젖혀진 들창코 돼지 또는 치질을 앓는 사람은 제물로 바치지 않았습니다. 주술사들은 이들을 상서롭지 못해서 재앙을 불러온다고 알고 있지만, 신인들은 오히려 이들을 아주 상서로운 것으로 여기지요.

미녀는 아름다워서 강 제사의 희생물이 되기도 하고, 전쟁에서 적군에게 끌려가기도 한다. 그래서 지혜로운 사람은 쓸모없는 듯이 보이고, 불길한 듯이 보여 재앙을 피해간다.

07

천수天壽를 누리는 꼽추

지리소支離疏라는 사람은 턱이 배꼽 아래에 있고, 어깨는 머리 꼭대기보다 높고, 상투는 하늘을 향하고, 오장五臟의 경혈 부분이 위로 올라갔으며, 두 넓적다리가 옆구리에 닿아있는 꼽추입니다. 그럼에도 바느질이나 빨래를 해서 생활하고, 남이 흘린 곡식을 주워서 키로 까불어 열 식구를 먹여 살렸습니다.

나라에서 징병할 때도 사람들 사이를 당당히 걸어 다녔으나 데려가지 않았고, 나라에 큰 공사를 하는 때에도 성한 몸이 아니라 언제나 면제를 받았습니다. 그러면서도 나라에서 병자에게 주는 3종(鍾 양을 재는 단위)의 쌀과 열 다발의 땔 나무를 받았지요.

이처럼 몸이 온전하지 못한 불구자, 지리멸렬한 사람도 몸을 잘 보존

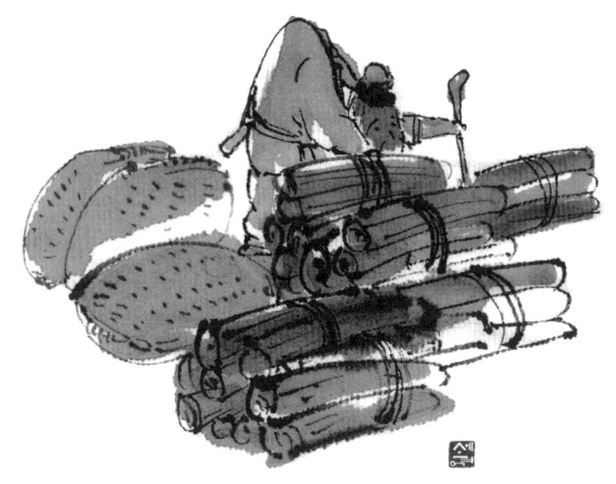

하여 천수를 누리고 사는데, 하물며 (유가들이) 德이 온전하지 못해 지리멸렬하고 무식하다고 한들, 천수를 누리지 못할 까닭이 있겠습니까?

지리멸렬支離滅裂
갈가리 흩어지고 찢기어 갈피를 잡을 수 없게 됨.

08

행복은 깃털보다 가벼운데

무용지용 无用之用

공자가 초나라에 갔을 때, 미친 사람 접여가 숙소 문 앞을 오가며 노래를 불렀지요.

봉황이여, 봉황이여. 어찌 德이 이리 쇠했을까.
오는 세월 기다릴 수 없고, 가는 세월 잡을 수 없네.
천하에 道가 있으면 성인이 좋은 일 이룰 텐데.
천하에 道가 없으니, 성인이 그저 일없이 사는구나!
지금 이런 세상에선 형벌 받지 않고 사는 것에 만족해야지.

행복은 깃털보다 가벼운데, 그걸 받을 방법이 없고,

우환은 대지보다 무거운데, 그걸 피할 방법이 없다네.
아서라, 그러지 마라!
德이라는 이름으로 다른 사람 돕는 일 위험하고 위험하다네.
나갈 길을 찾아 빨리 벗어나야지.
가시나무여, 가시나무여!
내 가는 길 막지 말게, 돌아갈 테니.
내 발 다치게 하지 말게나.

산의 나무는 쓸모가 있어 사람들이 베어 가니 스스로 화를 초래한 셈이고,
기름은 쓸모가 있기에 스스로를 태워가며 화를 입고,
계수나무는 껍질을 먹을 수 있기에 베어지고,
옻나무도 방부제로써 쓸모가 있기에 베어집니다.
사람들은 모두 유용지용(有用之用 쓸모 있음의 쓸모)을 알아도,
무용지용(无用之用 쓸모없음의 쓸모)을 아는 사람은 없습니다.

총명하여 쓸모가 있다는 사람들은 그 총명함 때문에 질시 받아 오래 살지 못한다.

道는 천지 만물이 스스로 그렇게[자연自然] 존재하고 변화하도록 하는 근원이고, '덕德'은 道의 작용으로, 만물에게 부여된 품성이다. 여기에서는 사람의 德을 논하고 있다. '덕충부德充符'란 사람이 수신修身을 통하여 함양된 오행의 품성이 밖으로 넘쳐나 실행하는데, 그렇게 나타난 德이 道·自然에 부응한다는 뜻이다.

이 장에는 형벌로 발 하나가 잘린 외발이 3인과 몰골이 추한 사람 그리고 신체가 완전히 망가진 사람꼽추·외발이·언청이의 종합 등 5인이 등장한다. 이들은 비록 육체는 온전하지 못하지만, 모두가 덕인德人들이다. 그들은 내적으로 德이 충만하고, 또 德이 저절로 밖으로 드러나 주변 사람들을 감화시킨다. 그래서 수많은 사람이 그들을 따르고 존경한다는 이야기다. 내적인 德이 중요한 것이지 겉으로 보이는 신체의 모습이 중요하지 않다는 말이다.

제5장

덕이 넘쳐나는 사람들

덕충부 德充符

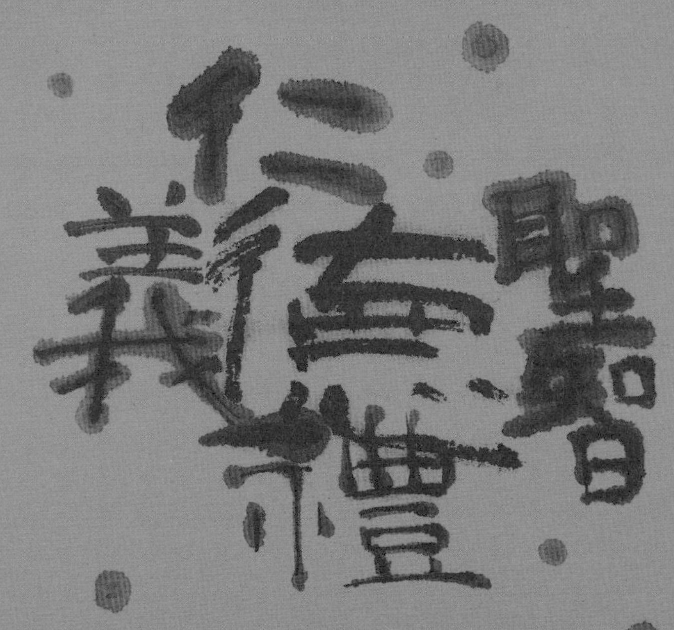

01

맑고 고요한 물에 비춰볼 수 있어

노나라에 형벌로 발 하나가 잘린 왕태王駘라는 사람이 있었는데, 그에게 배우는 제자의 수가 공자에게 배우는 제자의 수와 비슷할 정도였습니다.

하루는 공자의 제자 상계常季가 이에 대해 공자에게 물었습니다.

상계: 왕태는 외발인데도 그 제자의 수가 선생님에게 배우는 제자의 수와 맞먹는다니, 노나라에 있는 학생들을 서로가 반반씩 나누어 차지하고 있을 정도입니다. 그는 서서 가르치지도 않고, 앉아서 토론하지도 않는데, 그에게 배우는 사람은 빈 채로 가서 배움을 가득 채우고 돌아온답니다. 혹시 말로 하지 않는 가르침[불언지교不言之敎]이라는 게 있습

니까? 소리나 모습으로 드러내지 않고도 마음만으로 통해서[무형이심성 无形而心成] 가르치고 배울 수가 있는 겁니까? 도대체 그는 어떤 사람입니까?

공자: 그분은 성인이시다. 나도 아직 찾아뵙지 못했지만, 앞으로 스승으로 모시려고 하는데, 하물며 나보다 못한 사람들이야 말할 것이 있겠느냐? 노나라 뿐만 아니라 세상의 사람들 모두 이끌고 그분에게 가서 배우고 싶구나.

상계: 외발이 그분이 선생님보다 훌륭하시다니 참으로 놀라운 일입니다. 그렇다면 그분이 보통사람보다 얼마나 고상하고 현명하신지는 물어볼 필요도 없겠네요. 그런 분은 자신의 마음을 어떻게 관리하실까요?

공자: 죽고 사는 일이 아주 큰 일이지만, 그런 문제가 그의 마음을 변하게 할 수도 없지. 설령 하늘이 무너지고 땅이 꺼진다 해도 꿈쩍도 하지 않아. 그는 의지하여 머무를 곳이 없는 곳에 머무르며, 사물에 의해 변화하지 않으며, 사물의 변화 규율을 파악하여 그 핵심을 지킨다네.

상계: 그게 무슨 말씀이십니까?

공자: 천하 만물이 모두 서로 다르다는 관점에서 관찰해보면 한몸에 있는 간과 쓸개도 초나라와 월나라처럼 서로 같은 점이 하나도 없어. 그러나 서로 같다는 관점에서 보면 천하 만물 모두가 같지 않은 것은 하나도 없는 것이야. 서로 상통한다는 관점에서 문제를 보는 사람은 귀

나 눈이 분별해내는 것이 무엇이든지 얽매이지 않고, 덕에서 나오는 해화(諧和, 하모니)의 경지에서 마음을 노닐게 하는 것이야. 그는 '같다'는 관점에서 사물을 보고, 무엇을 상실했느냐에 관심을 두지 않아. 그러니까 그에게 발 하나 떨어져 나간 것은 마치 흙 한 덩어리 떨어져 나간 것에 지나지 않지.

상계: 그는 사물을 분별하여 얻은 깨우침에서 분별을 벗어나는 지혜를 얻고, 그런 마음으로부터 다시 분별을 초월하는 영원한 마음인 道를 터득하기 위해 자기 수양에만 전념하는데, 어떻게 사람들이 모여듭니까?

공자: 누구도 흐르는 물에 자기를 비춰볼 수 없지만, 맑고 고요한[정지靜止] 물에는 자신을 비춰볼 수 있는 것이지[막감우유수이감우지수莫鑑于流水而鑑于止水]. 오로지 정지하고 있는 사람만이 정지하려는 사람에게 정지하게 할 수 있는 것이야[유지능지중지唯止能止衆止]. 땅에서 기운을 받은 것 중에서는 소나무와 잣나무만이 천성이 올바르므로 겨울이나 여름이나 늘 푸르고, 하늘의 기운을 받은 사람 중에서는 순임금만이 천성이 올바르므로 다행히 본성을 보전[정생正生: 保始]하면서 중생을 바르게 이끌 수가 있었던 것이다.

무릇 처음 부여받은 본성을 그대로 보전할 수 있으면 일체의 두려움에서 벗어날 수가 있지. 그래서 용감한 무사 혼자서도 천군만마의 적진 속으로도 돌진해 들어갈 수가 있는 것이야. 명성을 추구하는 보통의 무사도 이러하거늘, 하물며 천지를 다스리고 만물을 포용하며, 자신의 몸을 임시 처소로 삼고, 귀와 눈이 분별하는 현상을 환상으로 여기고, 분별하여 얻은 지식에서 벗어나 지혜로운 마음 그리고 그 마음을 초월하여 생사를 초월한 영원한 마음의 경지에 있는 사람이야 말할 필요가 있겠는가? 이런 사람은 날을 잡아서 신선이 되고 속세를 떠날 것이니, 사람들이 그를 따르려는 것이야. 그런 사람이 어찌 기껏 사물에 관심을 가지고 자기의 일을 도모하려 하겠는가!

02

거울이 맑으면 먼지가 끼지 않아

정鄭나라 현인인 신도가申徒嘉는 발이 하나 잘린 사람인데, 정자산鄭子産과 함께 백혼무인伯昏无人을 스승으로 모셨습니다.

어느 날, 재상인 자산이 신도가와 같은 방에 앉아 있다가 말했습니다.

자산: (자산은 외발이 전과자 신도가와 같이 걷는 것을 창피스럽게 여겨서)

내가 먼저 나가면 자네가 남아있고,

자네가 먼저 나가면 내가 남아있기로 하세.

그 다음 날 자산은 또 신도가와 같이 앉았습니다.

자산: 내가 먼저 나가면 자네가 남아있고, 자네가 먼저 나가면 내가 남아있기로 하세. 이제 내가 먼저 나갈 터이니 자네가 남아있겠나 아니면 남아있지 않겠나? 다시 말하면 자네는 재상인 나를 보고도 피하려고 하지 않으니, 자네는 재상과 맞먹겠다는 건가?

신도가: 선생님의 문하에 어찌 이런 재상이 있을까? 나는 '거울이 맑으면 먼지가 끼지 않고[감명즉진구부지鑑明則塵垢不止], 먼지가 끼면 거울이 맑지 않다. 그렇기에 현인과 오래 지내면 과오를 범하지 않는 법이다.'라고 들었네. 오늘 그대는 선생님께 큰 도리를 배우러 와서 오히려 이런 말을 하고 있으니, 지나친 것이 아닌가?

자산: 자네 모습이 이런 꼴인데, 마치 요임금과 훌륭함을 논하려는 것 같군. 자네의 덕이 얼마나 모자라는지를 헤아려보고 스스로 반성해야지?

신도가: 자기의 부족함을 스스로 말하고, 자기의 불선不善함을 아는 사람은 많아도, 자기의 과오를 되돌아보지 않고, 자기의 불선함을 아는 사람은 드물어. 어찌할 수 없음을 알고 스스로 담담하게 운명으로 받아들인다는 것은 오로지 덕이 있는 자만이 가능한 일이야.

신궁神弓인 예羿가 활을 쏘는데 그 사정거리 안에서 중앙으로 걸어간다면 틀림없이 명중되겠지. 그런데도 맞지 않았다면 그거야말로 명命인 것이야. 〈어쩌다 나는 활에 맞아 발 하나가 잘렸고, 그대는 활에 맞지 않아 두 발이 성한 것이야. 그게 뭐 부끄러워하거나 잘난 체할 일인가? 활에 맞고 안 맞고 하는 것은 우리의 개인적 잘잘못과 상관없는 일이 아닌가?〉

……

전에 사람들이 자신들은 두 발이 있다고 발 하나가 없는 나를 조롱하였을 때 나는 화가 치밀었었지. 그런데 여기 선생님께 오면 그런 분노가 깨끗이 사라지고 평상심으로 되돌아왔다네. 이는 선생님께서 훌륭함으로써 나를 이끌어 주셨기 때문이 아닐지 모르겠네.

내가 선생님께 배운지가 이미 19년이 되지만, 아직까지 나를 외발이로 보신 적이 없으시지. 오늘 그대와 내가 몸 안에 있는 마음의 세계에서 지내려는데, 그대는 아직 몸 밖의 현상만을 보고 있으니, 뭔가 잘못된 것이 아닐까?

자산은 부끄러워하며 정색했다.

자산: 다시는 말하지 말게, 내가 잘못했음을 알았네.

03

명성名聲은 껍데기

질곡 桎梏

노나라에 발이 하나 잘린 숙산무지叔山无趾라는 사람이 다리를 절며 공자를 만나러 갔습니다.

공자: 자네는 전에 근신하지 않아 죄를 짓고 이렇게 이미 발이 잘렸거늘, 오늘에 와서야 나를 찾아온들 무슨 도움이 되겠는가?

무지: 저는 지난날, 사리분별을 못 해 가볍게 처신하다가 형벌로 발을 잃었습니다. 이렇게 찾아뵌 것은 발보다도 소중한 것이 있다는 생각이 들고, 또 그것을 얻어서 온전히 지키고자 해서입니다. 하늘은 덮어주지 않는 것이 없고, 땅은 실어주지 않는 것이 없습니다. 저는 선생님께서 곧 하늘과 땅처럼 넓게 포용해주시리라 생각하고 왔는데, 이러실 줄은 몰랐습니다.

공자: 내가 천박한 생각을 했네. 들어오지 않겠는가? 자네가 하고 싶은 말을 찬찬히 들어보겠네.

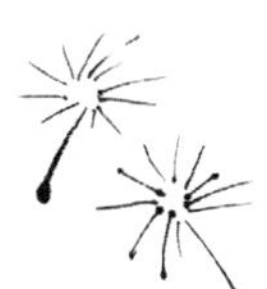

그러나 무지는 그냥 가버렸고, 공자가 제자들에게 일렀습니다.

공자: 제자들아, 열심히 배우라! 무지는 발이 잘린 사람임에도 전에 저지른 실수를 보완하려고 저렇게 노력하는데, 하물며 온전한 몸을 지닌 사람들은 어찌 해야 하겠느냐!

무지가 노담을 찾아가 말했습니다.

무지: 공자는 아직 성인의 경지에 이르지 못한 것 같습니다. 그런데 어째서 그가 자주 선생님을 찾아와 무얼 배우려고 합니까? 그는 기괴한 명성을 바라고 있지만, 성인은 '명성'이라는 것을 질곡(桎梏 속박)으로 여긴다는 것도 모르고 있는 것이 아닐까요?

노담: 너는 왜 그에게 삶과 죽음이 한

줄로 꿰어있고 옳고 그름이 같은 도리라는 것을 알려주어, 그가 그런 질곡에서 벗어날 수 있도록 도와주지 못했을까. 그건 그랬어야지?

무지: 그건 하늘이 내리는 벌인데요. 제가 어찌 벗어나게 도와줄 수 있겠습니까?

무지는 왜 공자가 하늘이 내리는 벌[천형天刑]을 받고 있고, 그를 천형에서 벗어나게 도와줄 수 없다고 말했을까?

공자가 무지를 만나 처음 본 것은 무지의 잘린 발이었다. 만나자마자 잘린 발 이야기를 꺼낸 다음 동정하는 공자의 태도를 보고 실망한 것이다. 생사도 한 가지인데 발 하나 잘린 것이 뭐가 그리 대수로운 일인가. 무지는 공자가 인식력이 모자라고 윤리와 명성의 허울에 갇혀있다고 보고, 이를 구제불능의 천형으로 본 것이다. 이는 유가들의 형식주의를 비판한 글이다.

04

덕우德友

재전才全·덕불형德不形

노나라 임금 애공哀公이 공자에게 물었습니다.

애공: 위 나라에 몰골이 추하게 생긴 사람이 있었는데, 이름이 애태타哀駘它라고 하오. 그와 함께 지낸 남자들은 그를 공경하여 떠나지 못하고, 여자들은 그를 만나고 나면 부모님께 '일반 사람의 본처가 되기보다는 그의 첩이 되게 해달라.'고 조른다는데, 그 수가 십여 명으로 계속 늘어난다고 하오.

지금까지 그가 무슨 고상한 이론을 말하는 것을 들어본 적도 없고, 오로지 다른 사람의 의견에 따라다닐 뿐[부화附和]이라고 해요. 고귀한 지위에서 사람들을 죽음에서 구해준 적도 없고, 재물을 쌓아두고 다른 사람의 요구에 만족시켜 준 적도 없고, 게다가 아주 추하게 생겨 세상

사람들을 놀라게까지 하고, 다른 사람의 의견에 따라다닐 뿐 자기의 주장을 말하지 않고, 그의 지혜라는 게 고작 자기 생활 주변을 벗어나질 못하는데도 어쩐 일인지 남녀를 불문하고 그를 만나본 사람은 모두가 그와 함께 있길 바라니, 그에게는 분명 보통사람과 다른 특별한 점이 있을 것이오.

그래서 과인이 그를 불러 만나본 적이 있는데, 과연 추하기가 사람들을 놀라게 할 만했소. 같이 지내보니 한 달도 되지 않아 그의 사람됨을 느꼈고, 1년이 안 되어 그를 신뢰하게 되었지요. 마침 재상 자리가 공석이어서 그에게 국정을 맡기려 했더니, 오히려 그는 대수롭지 않게 응하며 싫어하는 듯 모호한 반응이었소. 약간 민망한 생각이 들었지만, 그에게 국정을 맡겼지요. 그런데 바로 떠나가버리는 것이오. 과인은 마음이 몹시 아프고 무언가를 잃어버린 듯 공허함을 느꼈고, 이제 이 나라에는 나라를 다스리는 일을 함께 즐길 사람이 없을 것 같소. 도대체 그 사람은 어떠한 사람이오?

공자: 제가 초나라에 갔을 때, 마침 새끼 돼지들이 죽은 어미의 젖을 빠는 것을 보았는데, 그 새끼 돼지들은 잠시 놀란 듯하다가 얼마 지나지 않아 어미를 버리고 가버렸습니다. 죽은 어미 돼지는 새끼들을 보지도 않으니, 새끼들도 죽은 돼지가 자기들의 어미가 아니라고 느낀 것이겠지요. 새끼들이 어미를 사랑하는 것은 그 몸이 아니라, 그 몸을 부리는 정신(혼)을 사랑하는 것입니다[소애기모자所愛其母者, 비애기형야非愛其形也, 애사기형자야愛使其形者也].

전쟁에서 패하여 죽은 자를 묻을 때는 관 위에 장식을 하지 않고, 발이 없는 사람은 신발에 대한 애정을 품지 않는데, 그것은 모두 그 본래의 의미가 없어졌기 때문입니다. 천자를 받드는 시녀들은 손톱을 치장하거나 귓불에 귀고리 구멍을 뚫지 않으며, 남자는 장가 들면 먼저 처가에 살더라도 다른 곳으로 나가 살게 되면 아내를 처가로 다시는 보내지 않습니다. 몸을 건전하게 하기 위해 이렇게 꾸밈이 없는 실질을 추구하는데, 하물며 덕성을 온전한 경지에 오르게 하려는 사람은 더욱 완벽해야 되겠지요.

지금 애태타는 말을 하지 않고도 신뢰를 얻고, 공적이 없어도 사람들은 그와 친근하기를 바랍니다. 또 임금이 그에게 국가의 큰일을 맡기려 하는데 맡지 않을까 봐 염려하는 사람입니다. 그 사람은 틀림없이 덕이 온전[재전才全]하면서도, 덕을 밖으로 드러내지 않는[덕불형德不形]사람입니다.

애공: '才全'이란 무슨 뜻입니까?

공자: 삶과 죽음, 생존과 멸망, 실패와 성공, 가난과 부유, 현명함과 어리석음, 상처와 명예, 배고픔과 목마름, 추위와 더위라는 것은 사물 자신의 변화이고, 하늘이 부여한 운행의 표현입니다. 이는 밤과 낮이 서로 교체하며 나타나는 것과 같은 현상인데, 사람의 지혜로는 그 변화의 근본을 헤아릴 수가 없는 일입니다.

그러므로 이런 점을 이해하고, 본성의 평화로움을 어지럽히거나 외물의 변화에 의하여 사람의 마음이 흔들리지 않고, 마음은 언제나 조화를 이루고, 온화하고 맑으며, 희열의 상태에 머무르며, 밤과 낮이 끊임없이 교체하듯 만물이 소생하는 봄날처럼 마음속에 화기和氣가 생동하는 이런 것을 일컬어 '才全'이라 합니다.

애공: '德不形'이란 말은 무슨 뜻입니까?

공자: 물이 평정한 상태에 머무르는 것을 '평平'이라 합니다. 平은 우리가 지켜야 할 법도의 표준이지요. 물처럼 마음을 평정한 상태로 유지하고, 외물의 변화에 흔들리지 말아야 합니다.

'德'이란 몸과 마음을 수양하여 달성할 수 있는 오행의 조화를 말합니다. 德不形이란 德이 어떤 특정한 모습으로 나타나지 않는다는 말입니다. 그리고 만물은 모두가 德에서 벗어날 수가 없는 것입니다.

애공이 훗날 민자(閔子: 공자의 제자)에게 말했습니다.

애공: 처음 임금이 되어 나라를 다스리면서, 나라에 기강을 세우고 백성들이 죽지 않도록 염려하는 것으로 스스로 최선을 다했다고 생각하였소. 지금 지인인 공자의 말을 들으니 과인은 유명무실한 사람이고, 내 몸을 경솔하게 대해 나라에도 해를 끼친 것이 아닌지 두려운 생각이 드오. 나와 공자는 임금과 신하의 관계가 아니라 덕우(德友 덕으로 맺은 벗)의 관계요.

05

성인聖人과 성망誠忘한 사람

인기지리무신(闉跂支離无脤 절뚝발이·꼽추·언청이)이라는 불구자가 위나라 영공에게 유세遊說를 했더니 영공이 그를 아주 좋아하게 되었고, 그 후로 영공은 신체가 건전한 사람을 보면 오히려 목이 너무 가냘프다고 느꼈답니다.

옹앙대영(甕㼜大癭 혹부리)이라는 목에 큰 혹이 있는 사람이 제나라 환공桓公에게 유세를 했더니 환공이 그를 무척 좋아하게 되었고, 그 후로 환공은 신체가 건전한 사람을 보면 오히려 목이 너무 가냘프게 느꼈답니다.

德이 지극한 사람은 왕왕 신체에 결함이 있다고들 말합니다. 그러나 만일 결함이 있어도 되는 신체에는 결함이 없고, 결함이 있어서는 안

될 심성에 결함이 있는 사람이 있다면 그런 사람을 '성망誠忘'이라고 부릅니다.

그러니까 성인은 성誠을 온전하게 지니고 德의 세계에서 자유롭게 노니는 데 반해 성망한 사람은 화를 부르는 지식을 쌓고, 아교 칠한 것처럼 자유를 속박하는 약속을 하고, 덕행을 교제의 수단으로 삼고, 장사를 위해 기교를 부리는 세계에서 노닐지요.

성인은 권모술수를 부리지 않으니 얄팍한 지식이 무슨 소용이 있습니까[知]?

아무런 꾸밈이 없는데 무슨 약속을 합니까[約]?

덕을 잃지 않는데 무슨 덕행이 필요합니까[德]?

장사를 하지 않는데 무슨 상술이 필요합니까[工]?

이 네 가지(지知·약約·덕德·공工)가 없어도 하늘이 양생해줍니다. 곧 천지자연의 양육을 받으니, 무슨 재주를 부려야 할 것이란 아무것도 없는 것이지요!

성인은 사람의 형체를 지녔지만, 사람의 편협한 情은 없습니다. 그러므로 외물에 관한 시비가 그의 몸에서는 일어나질 않습니다. 사람들 속에 있어 작아 보이나, 천지자연과 한 몸을 이루고 있으니 참으로 위대합니다!

※ '誠'이란 무엇인가?

誠을 '신명神明'이라고도 부른다. 誠은 만물의 생멸을 주도하는 음양의 기운이다. 따라서 誠이 없으면 음양도 없고 만물의 생멸生滅도 없다. 誠이 특별한 사람의 몸 안에 들어가 오행五行 중 하나의 품성으로 형성되면, 이를 '聖'이라 한다. 오행(五行: 仁義禮智聖)을 모두 갖춘 사람을 성인聖人 또는 덕인德人이라고 부른다. 신체에 결함이 있는 것은 별문제가 되지 않지만, '誠忘'한 사람, 즉 德이 부족한 사람은 통치자로서 자질이 모자라는 사람이다. 그러한 사람이 권모술수를 부려 통치자가 되면 나라를 망치게 된다.

참조: 《대학·초간 오행》 〈초간 오행〉

06

사람은 본래 무정无情한가?

친구 혜자가 장자에게 물었습니다.

혜자: 사람은 본래 무정无情한 것인가?

장자: 그러하다네.

혜자: 사람이 본래 무정하다면 어찌 사람 노릇을 할 수 있겠는가?

장자: 道가 사람의 용모를 주었고, 하늘이 사람의 형체를 주었는데, 어찌 사람이라 할 수 없겠는가.

혜자: 사람이라고 하면서 어찌 무정을 말하는가?

장자: 그건 내가 말하는 情이 아니야. 요즘 사람들이 말하는 情이란

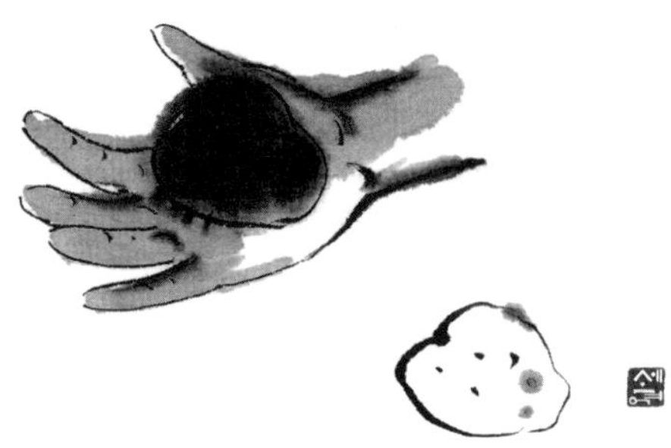

내가 좋아하거나 싫어하는 주관적 감정 때문에 속상해하는 인위적 情을 가리키지. 그러나 본래 사람들은 순수한 情, 자연적 情만을 지녔고, 요즘처럼 인위적 情은 없었어. 그런 의미로 무정이라고 말한 것이야. 속인俗人들의 情은 자기의 본성을 해칠 뿐이지. 그러기 때문에 자연의 순리에 따라야 하고, 인위적으로 장수하려[익생益生] 들지 말아야 하네.

혜자: 익생하지 않는다면, 어떻게 자신의 건강을 유지할 수 있는가?

장자: 道가 사람의 용모를 주었고, 하늘이 사람의 형체를 주었는데, 좋아하거나 싫어하는 감정에 의하여 자기의 본성을 해치지 말아야지. 지금 그대는 자기의 심신을 함부로 대하고, 정력을 쓸데없이 소모하면서 나무에 기대어 신음하고, 책상에 엎드려 휴식하고 있네. 하늘이 그대의 형체를 골라주었는데, 그대는 시시콜콜 견백론을 늘어놓고 있군. 자연의 순리에 따르면 저절로 익생이 이뤄지는 것이야.

道의 개념은 길·도리를 뜻하는 인도人道와 우주의 생성과 변화를 주도하는 철학적 이념인 천도天道로 나누어 살펴봐야 한다.

인도는 인간이 세상을 살아가는 방법이요 길이다. 천도는 인간이 존재하기 전부터 우주의 운행을 주재해온 근본이요 법칙이다. 노자는 "인도는 부족한 데서 덜어다가 남는 쪽에 보태지만, 천도는 남는 데서 덜어내어 모자라는 데에 보탠다.(《도덕경》77장)"고 했다. 인도는 차별과 갈등을 초래하고 서로 싸우려고 하지만, 천도는 청정무위의 안정을 추구하며, 싸우지 않고도 잘 이긴다도덕경 73장. 인도의 질서를 주창한 대표 사상가는 공자이고, 천도의 질서를 주창한 대표 사상가는 노자와 장자다.

천지가 생겨나기 전에도 있었고, 천지가 생겨난 다음에도 만물과 함께 있으며, 만물의 변화를 주재하고 있는 것, 우주에 없는 곳이 없으며, 없는 때도 없는 것은 무엇인가? 그것이 천도이다. 道는 신령神靈이요, 만물의 위대한 조상이니 곧 대종사大宗師다. 그것의 이름을《초간노자》에서는 '道'라 하였고, '太一'이라 했다. 우주에 고고하게 존재하는 본체[神]는 하나이므로 太一과 道는 같아야 하는데, 왜 굳이 따로 이름을 나누어 불렀을까? 아마 도가들은 우주의 본체를 신神 God과 신령神靈으로 구분하여 인식하고, 신을 '太一'이라 하고 신령을 '道'라고 불렀을 것이라고 생각된다. 道는 어느 것에도 의지함이 없이 스스로를 근본으로 삼고, 천지신명으로 하여금 만물을 생성하게 한 대종사大宗師이므로 장자는 그를 '나의 사부師父 신령님'이라 불렀다.

제6장

나의 사부 신령님

대종사大宗師

01

도道를 아는 사람

의이불붕義而不朋·허이불화虛而不華

'지천知天'과 '지인知人'은 인식의 수준이 최고의 경지에 도달했다는 말입니다.

지천知天은 하늘이 하는 일을 안다는 것으로 자연의 규율에 따라서 산다는 것이고, 지인知人은 사람이 하는 일을 안다는 것으로 자기의 지식으로써 인식하여 안다는 것이다. 이는 인식의 범위를 넓혀감으로써 지식이 미치지 못하여 인식할 수 없는 자연의 심오한 이치[道]를 조금씩 터득해서 중도에 요절하지 않고 천수를 누리며 살아간다는 뜻입니다.

설령 그렇다 하더라도 아직 문제가 남아있습니다. 지식은 인식하는 대상을 반영하는 것이므로 그 대상이 반드시 정확해야 한다는 것입니다. 그런데 그 인식의 대상이 정해져 있지 않고 여건에 따라서 바뀐다면 내가 자연적 현상이라고 인식한 대상이 사실은 인위적 행위로 나타난 것이고, 인위적 행위로 인식한 대상이 사실은 자연적 현상에 의하여 나타난 것인지를 어떻게 구별하여 알 수 있겠습니까?

이는 진인(眞人: 道人, 聖人)만이 진정한 지식[道]을 알 수 있다는 말이지요. 그러면 어떤 사람을 진인이라합니까?

옛날 진인이라는 사람은 미묘한 현상을 보고 억지로 추론해 판단하지 않았고, 어떤 일에 성공해도 교만하지 않았으며, 어떤 사건을 일부러 꾸며내지 않았습니다.

이런 사람은 착오나 실수가 있어도 깊이 뉘우치지 않고, 일이 잘되어도 자기가 이룬 일이라고 뽐내지 않으며, 높은 곳에 올라가도 무서워하지 않고, 물에 들어가도 젖지 않으며, 불에 들어가도 뜨거워하지 않았지요. 이는 그 사람의 지식[지혜]이 道의 경지에 도달해야만 가능한 일입니다.

옛날 진인은 잠을 자도 꿈을 꾸지 않고, 깨어 있어도 근심거리가 없으며, 음식을 맛있게 조리하지 않고 먹으며, 호흡도 아주 깊었고, 발꿈치로 숨을 쉬었습니다.

그런데 일반 사람은 목구멍으로 숨을 쉬고, 사리에 맞지 않는 말을 하는 때에는 목구멍에서 앵앵거리는 소리를 내며, 욕심이 심한 사람은 타고난 성품도 천박합니다.

옛날 진인은 삶이 즐거운 일임도 모르고, 죽음이 슬픈 일임도 모르며, 세상에 태어남을 기뻐하지도 않고, 세상에서 사라짐을 두려워하지도 않았으며, 오로지 생사는 자유롭게 왔다 가는 것[소연래왕翛然來往]이라고 여길 뿐 어디에서 왔는지 그 근원을 잊어버리지 않고, 어디로 가는지 그 끝을 알려고도 하지 않았으며, 삶을 기꺼이 받아들여 살다가 그냥 모든 걸 훌훌 털어버리고 되돌아갔지요.

이렇게 마음으로써 도를 해치지 않으며, 인위적으로 하늘의 일에 관여하지 않았던 사람을 진인이라 불렀습니다.

이런 진인은 마음이 속세의 일에서 벗어나 있고, 용모가 평온하고, 얼굴빛은 언제나 소박하며, 냉정함은 가을날의 쌀쌀한 기운 같고, 포근함은 봄날의 따사로운 기운과 같았으며, 희로애락의 정은 사철의 운행처럼 자연스럽고, 만물과 어울려 하나 됨은 그 끝을 알 수가 없었습니다.

그러므로 성인(통치자)은 군대를 일으켜 적국을 멸망시키는 일이 있어도 인심을 잃지 않았으며, 만세에까지 은혜와 도움을 베풀어 주었어도 사람을 편애해서 그런 것이 아닙니다.

그러니까 일부러 외물에 통달하려는 것은 성인이 할 일이 아니며, 일부러 편애하려는 것은 진정 어진 자가 할 일이 아니며, 일부러 천시天時를 도모하려는 것은 현명한 자가 할 일이 아니며, 이해관계에서 서로 통하지 않아 합의를 이루지 못한 자는 군자가 아니며, 본심을 잃고 명성을 따르는 자는 참된 선비가 아니며, 하는 행동이 추하고 진실하지 못한 사람은 지도자가 되지 못합니다.

가령 옛날 현인이라고 하는 호불해狐不偕, 무광務光, 백이伯夷, 숙제叔齊, 기자箕子, 서여胥餘, 기타紀他, 신도적申徒狄과 같은 사람들은 모두가 다른 사람에게 부림을 당하고, 다른 사람의 편안함을 위해 일했을 뿐 자신의 편안함을 추구하지 않았지요. 〈성인은 자기의 방식대로 삶을 살아간다는 말입니다.〉

옛날의 진인은 세상에 살면서 정의를 지켰으나 붕당朋黨을 짓지 않았고, 뭔가 부족한 듯하나 남의 도움을 받지 않았고, 행동거지가 바르나 고집을 부리지 않았고, 마음이 확 트여있으나 겉치레를 하지 않았습니다.

표정은 여유만만 기쁜 듯하고, 동작은 하나하나가 부득이한 움직임이고, 속이 깊고 포근해서 친근함이 느껴지고, 德이 중후하여 사람들이 스스로 모여들었지요.

근면하게 일함은 속세 사람과 비슷하고, 초연한 모습은 형식에 구애받음이 없는 것 같고, 침묵을 지킴은 마치 입을 꽉 다문 것 같고, 무심함은 할 말을 잊은 듯했습니다.

형벌刑을 주체로 삼고, 예禮를 양 날개로 삼으며, 지知를 시대가 변하는 것에 따라 발휘하며, 德을 표준으로 삼았습니다.

刑을 주체로 삼는다는 것은 함부로 살생하지 않는다는 뜻이고,

禮를 양 날개로 삼는다는 것은 예를 보조로 삼아 사회활동을 한다는

뜻이고,

知를 시대의 변화에 따라 발휘한다 함은 변화하는 일의 원인에 맞게 행한다는 뜻이며,

德을 표준으로 삼는다는 말은 한 걸음씩 산에 오르듯 그 여건에 맞게 德을 실행한다는 뜻입니다. 사람들은 마치 진인이 열심히 노력하여 그렇게 하는 것으로 생각합니다.

그러므로 진인은 사람들이 좋아하거나 싫어하는 것 모두를 하나(一, 道)로 통하게 하지요. 그것이 하나인 것은 당연히 하나이지만, 하나가 아닌 것도 하나로 통하게 합니다. 하나는 천지의 자연스러운 일이고, 하나가 아닌 것은 인위적인 일입니다. 인위적으로 하는 일도 천지의 자연스러운 일과 상충하거나 대립하지 않게 하므로, 결국 모두 하나로 통하는 것이고, 이런 일을 하는 사람을 '진인'이라 부릅니다.

02

거품을 내어 서로를 적셔주지만

상유이말相濡以沫

사람의 죽고 사는 것은 운명입니다. 이는 밤과 낮이 변함없이 순환하듯 자연적 규율입니다. 사람으로서는 어떻게 참여할 수 없는 일이고, 모두가 사물의 본성입니다. 사람들은 天을 생명의 아버지로 여기고, 그래서 종신토록 그를 경애하는데, 하물며 天을 초월하여 있는 道에 대해서는 뭐라 말할 수 있겠습니까? 사람들은 임금의 지위가 자기보다 높다고 여겨 목숨을 바쳐 그를 경애하는데, 하물며 천지자연의 진짜 임금인 道에 대해서는 두말할 필요가 없는 것이지요!

고기들이 샘물이 말라 모두 메마른 땅 위에 놓이니, 그들은 서로 습기를 뿜어주고, 거품을 내어 서로를 적셔주지만[상유이말相濡以沫], 이는 강이나 호수에서 서로를 잊고 사는 것만 못하지요. 요임금의 명성을 찬양하고 걸임금을 폭군이라 비난하지만, 道 속에서 두 임금을 잊고 사는 것만 못한 것입니다.

대지는 나에게 몸을 주어 안아주고[재아이형 載我以形], 삶을 주어 일하게 하고[노아이생 勞我以生], 늙음을 주어 한가롭게 하고[일아이로 佚我以老], 죽음을 주어 쉬게 합니다[식아이사 息我以死]. 그러므로 나의 삶을 소중하게 여겨야 하고, 나의 죽음 또한 소중하게 맞이해야 합니다.

상유이말 相濡以沫
거품을 내어 서로를 적셔주다. 어려움에 처했을 때 서로 도와줌을 비유하는 말.
※ 유濡: 적시다. 말沫: 거품
⇒ 물고기가 물이 말라 살아가기가 힘들면 거품을 내어 서로에게 적셔주어 연명하지만, 이는 넉넉한 물속에서 자신이 물고기임을 잊고, 누구에게도 의지함이 없이 자유롭게 돌아다니며 사는 것보다 못한 것이다. 사람들은 세상살이가 어려우니까 혈연, 지연, 학연 등을 찾아 서로에게 의지하며 돕고 살려고 하지만, 그보다는 명성과 재물 등에 관한 일체의 욕심에서 벗어나서 道의 경지에 들어가 서로를 잊고 사는 것이 최상의 삶이라는 말이다.

배를 골짜기에 감추고, 어망을 늪에 안전하게 숨겨 두었다고 말합니다. 그러나 한밤에 힘센 사람이 와서 가져가 버려도 잠자는 사람은 알지 못합니다. 작은 것을 큰 것 속에 감추면 된다고 생각하지만, 그래도 잃어버릴 가능성이 있는 것입니다. 만일 천하를 천하 속에 감추어둔다면 잃어버릴 수가 없지요. 이야말로 만사만물의 위대한 진리입니다.

사람들은 자기가 오로지 사람의 모습을 갖추었다는 것만 가지고도 기뻐하는데, 만일 사람의 모습이 자연처럼 끝없이 천변만화千變萬化한다면 그 기쁨을 어찌 다 헤아릴 수 있겠습니까?

그러므로 성인은 잃어버릴 것이 없는 사물의 경지에서 道와 함께 노닐지요. 젊어서나 늙어서나 변함없이 바르게 생활하고[선소선로善少善老], 시작할 때나 마무리할 때나 한결같이 바르게 일하는[선시선종善始善終] 그를 사람들은 본받으려고 합니다. 그런데 하물며 만물의 뿌리이며, 모든 변화의 근원인 하나(一)를 본받지 않을 수 있겠습니까? 이 하나가 바로 道입니다.

03

도道

자본자근自本自根

> **도**道
> 신령神靈 the Spirit of God

道는 객관적으로 실존하지만 무위无爲하고 무형无形이며, 마음으로 전할 수는 있으나 실제로 줄 수는 없으며, 깨달아 알 수는 있으나 모습을 볼 수는 없습니다.

자신을 근본으로 삼아, 스스로 창조하였고[자본자근自本自根], 천지가 생겨나기 전부터 존재하였고, 신귀신제神鬼神帝 로 하여금 천지만물을 생성하였으며, 태극보다 위에 있으나 높다고 하지 않고, 육극보다 아래에 있으나 낮다고 하지 않고, 천지가 생겨나기 전부터 있었으나 오래되었다고 하지 않으며, 태초보다 오래되었으나 늙지를 않습니다.

> **신귀신제**神鬼神帝
> 초간본 《노자》 〈태일생수太一生水〉에 나오는 '천지신명天地神明'을 가리킨다.

〈전설에 나오는 득도한 제왕들의 이야기〉

희위씨豨韋氏는 득도하여 천지개벽을 이루고,

복희씨伏戲氏는 득도하여 음양의 氣를 조합하고,

유두(維斗 북극성)는 득도하여 옛날부터 방위에 착오를 일으키지 않고,

일월日月 은 득도하여 옛날부터 쉬지 않고 운행하고,

감배堪坏는 득도하여 곤륜산崑崙山에 들어가 산신山神이 되고,

풍이馮夷는 득도하여 황하黃河에서 노닐고,

견오肩吾는 득도하여 태산泰山에 살고,

황제黃帝는 득도하여 자유롭게 하늘을 떠다니고,

전욱顓頊은 득도하여 현궁(玄宮 북방의 궁)에 살고,

우강(禺强: 水神)은 득도하여 북극에 자리 잡고,

서왕모(西王母: 선녀))는 득도하여 소광산少廣山에 거주하였습니다.

道는 언제 어디에서 시작하여, 언제 어디에서 끝나는지를 모릅니다.

팽조는 득도하여 위로는 순임금 때로부터 아래로는 춘추시대의 오패(五覇: 齊의 桓왕, 晋의 文왕, 秦의 穆왕, 楚의 莊왕, 宋의 襄왕) 때까지 살았으며,

부열傅說은 득도하여 은殷나라 고종 무정武丁 때 재상이 되어 천하를 통치하였고, 죽어서는 동유東維와 기미箕尾라는 별을 타고 뭇 별들과 함께 밤하늘을 아름답게 수놓고 있습니다.

04

혼돈으로부터 안정

견독見獨·영녕攖寧

남백자규南伯子葵라는 사람이 여우(女偶: 道士)에게 물었습니다.

남백자규: 선생님은 나이가 많으신데, 얼굴빛이 동안이시니 어찌 그럴 수가 있으신지요?

여우:道를 깨달았기 때문이지요.

남백자규: 저도 득도할 수 있겠습니까?

여우: 안됩니다. 안되지요. 당신은 道를 배울만한 사람이 아니오. 예컨대 복량의卜梁倚라는 사람은 성인의 재질은 있으나 마땅히 지녀야 할 道를 갖추지 못했고, 나는 성인이 갖춰야 할 道를 지니고 있으나 성인의 재질이 없어요. 나는 그에게 道를 가르치려고 했어요. 그가 완전무

결한 성인이 될 수 있길 바랐던 것이지요. 그러나 쉽게 이루지 못했소.

성인의 道로써, 성인의 재질이 있는 사람에게 가르쳐 이끄는 일은 비교적 쉬운 일이지요. 그래서 나는 포기하지 않고 그를 가르치며 지켜보았소.

〈道를 가르치는 과정〉

① 3일이 지나서야 겨우 세상일을 잊게 되었고〈外天下: 천하 명리名利를 초월〉,

② 세상일을 잊고서 다시 지켜보니, 7일이 더 지나서는 물질세계의 존재를 잊게 되었고〈外物: 유형의 물질세계를 초월〉,

③ 만물의 존재를 잊은 때로부터 9일을 더 지켜보았더니, 드디어 생사를 잊게 되었습니다〈外生: 생명과 욕망의 한계를 초월〉.

④ 그다음에 마음이 맑고 밝아졌고〈朝徹: 심령心靈이 밝아짐〉,

⑤ 마음이 맑아진 후에 천지의 유일한 진리를 깨달았고〈見獨, 得道: 만물과 하나가 됨〉,

⑥ 진리를 깨달은 후 과거와 현재의 시간 개념이 없어지고〈无古今: 시간의 한계를 초월〉,

⑦ 시간을 초월하자 생사를 초월하는 경지에 도달하게 된 것입니다〈入于不死不生: 생사를 초월〉.

조철朝徹

조양朝陽 아침 해이 떠오르듯 심령心靈이 명철明徹해짐. 마음이 맑고 밝아짐. 도통道通. '徹'은 '澈, 明'과 같다. 견독見獨: '獨' 은 '一. 道'를 가리키는 말로 '득도得道'의 뜻. 이는 자사子思가 말한 '신기독愼其獨' 과 통하는 뜻이다.

(道는)

생명을 죽게 하는데, 자신은 죽지 않고[살생자불사殺生者不死],

생명을 생겨나게 하는데, 자신은 생겨나지 않고[생생자불생生生者不生],

만물의 생사를 주관하지만, 그 자신은 生과 死가 없다는 말입니다.

……

(道는)

노쇠한 사물에 대하여 사라지게 하지 않는 일이 없고[무부장야无不將也],

새로운 사물을 맞이하지 않는 일이 없으며[무불영야无不迎也],

훼손되지 않게 하는 일이 없고[무불훼야无不毁也],

새로워지게 하지 않는 일도 없어요[무불성야无不成也].

……

한 사물을 노쇠하게 하여 사라지게 하는 것은

다른 사물을 새롭게 맞이하기 위한 것이요.

이를 '영녕攖寧'이라 부릅니다.

영녕은 만물이 생겨나고 사라지는 혼돈으로부터 찾아오는 것입니다.

영녕攖寧
혼돈이 있은 다음에 찾아드는 안녕, 안정. 혼란의 과정을 거친 다음에 찾아드는 평온함.
※ 영攖: 혼란. 시끄럽다. 어지럽다.
※ 요擾, 扰

남백자규: 선생님은 어디에서 이런 道를 배우셨습니까?

여우: 나는 전해 내려오는 책을 보고 배웠고,

책은 전해 내려오는 것을 암송하여 적은 것이고,

암송으로 전해온 것은 사리 밝은 견해인 것이고,

사리 밝은 견해는 심령의 깨달음에서 나온 것이고,

심령의 깨달음은 道를 근면하게 실천함에서 얻어진 것이고,

근면한 실천은 시가詩歌의 읊조림에서 이뤄진 것이고,

시가의 읊조림은 헤아릴 수 없이 미묘한 사유思惟에서 나온 것이고,

미묘한 사유는 공적(空寂 텅 비워 고요한 마음)한 경지에서 나온 것이고,

공적한 경지는 미망(迷茫 그윽한 경지)에서 나온 것인데,

미망은 그 시작한 곳이 없습니다.

나는 이처럼 근원이 없는 곳에서 시작하여,

흘러나오는 샘물을 마시듯 道를 배운 것입니다.

05

큰 용광로에 들어가

막역우심 莫逆于心

자사子祀, 자여子輿, 자리子犁, 자래自來 네 사람이 모여 의논했습니다.

네 사람: 누가 '无'를 머리로 삼고, '生'을 척추로 삼고, '死'를 꼬리뼈로 삼을 수 있을까? 누가 '생사존망生死存亡'이 한몸이라는 도리를 알까? 우리는 그런 도리를 아는 사람을 벗으로 삼고 싶네.

네 사람은 서로를 보면서 웃었습니다. 그들은 서로 뜻이 통하여 막역한 친구 사이가 됐습니다[막역우심 莫逆于心 막역지우 莫逆之友].

그런데 얼마 후 자여가 병이 나서 자사가 문병을 갔습니다.

자여: 위대한 조물주께서 내 몸을 이처럼 꼬부라지게 만들어 버렸다

네! 등뼈를 구부려 꼽추로 만들고, 오장 혈관이 위로 향하게 하고, 턱은 배꼽 아래에 묻히게 하고, 어깨는 정수리 위까지 닿게 하고, 머리칼은 하늘을 향해 곤두서도록 만들었다네.

이런 모습은 음기와 양기가 혼란해 생긴 증세이지만, 자여는 마음이 평온하고 아무 일 없는 듯이 비틀거리며 우물로 걸어가서 자기의 모습을 비춰보았습니다.

자여: 아! 조물주께서 나를 이처럼 오그라뜨렸구나!

자사: 그대는 이런 모습이 싫은가?

자여: 아니, 내가 어찌 싫어하겠는가? 만일 〈죽은 후에〉내 왼팔이 변하여 닭이 된다면 나는 그것을 이용하여 새벽 시간을 알려줄 것이고, 내 오른팔이 변하여 활이 된다면 나는 그것으로 비둘기를 잡아 구워 먹고, 내 꼬리뼈가 변하여 수레바퀴가 되고 또 내 정신이 변하여 말이 된다면 나는 수레를 탈 터이니, 어디 다른 수레가 필요하겠나.

생명을 얻는 것도 때를 만난 것이요, 생명을 잃는 것도 순리인 것이니 편안한 마음으로 때를 받아들이고 순리에 따른다면 슬픔도 기쁨도 끼어들 수가 없는 것이야. 이를 옛말로 '현해懸解'라고 하지. 그런데 스스로 해탈하지 못하는 사람은 모두가 어떤 사물에 얽매여 있기 때문이라네. 사물은 자연의 섭리를 어길 수 없는 법, 이는 오래된 이치야. 내가 어찌 나

현해懸解
해탈, 매달림에서 풀림, 생사를 초월함

의 이 모습을 싫어할 수 있으리오!

갑자기 자래가 병이 났습니다. 호흡이 가빠지면서 금방 죽을 것 같아, 부인과 아이들이 둘러앉아 울었습니다. 자리가 문병 와서 우는 사람에게 나무랐습니다.

자리: 저리 비키세요. 죽음의 문턱에 막 들어서려는 분을 놀라게 하지 마세요!

〈자리가 문에 기대어 자래에게 말했습니다.〉

위대한 조화로구나! 어떤 모습으로 바뀌려나? 어디로 데리고 가려는 걸까? 쥐의 간장肝臟을 만들려나? 곤충의 다리를 만들려나?

자래: 자식은 부모가 동서남북 어디를 가라 해도 그 명에 따르지. 음양이 사람에게 내리는 명은 부모가 자식에게 내리는 명보다 엄격한 것이야. 그가 나보고 죽으라고 했는데 따르지 않는다면 나는 곧 억세고 불순한 사람일 터, 그가 무슨 잘못이 있겠는가. 음양은 나에게 몸을 주어 이 땅 위에 살게 하였고, 삶을 위해 일할 수 있게 하였고, 늙음을 주어 한가롭게 해주었고, 죽음을 주어 쉬도록 해주었네. 그러니 삶은 좋은 것이고, 따라서 죽음도 좋은 것이라네.

지금 훌륭한 대장장이가 쇠를 녹여 기물을 만드는데, 그 쇠가 튀어나와서 '나는 반드시 막야(鏌鎁: 보검이름)가 되겠소!' 라고 말한다면 대장장이는 틀림없이 불길한 쇠라고 생각하겠지.

지금 우연히 사람의 형상을 지니고 있는 내가 '죽은 후에도 다시 사람이 되겠소!'라고 외친다면 조물주께서는 틀림없이 불길한 사람이라고 생각하시겠지. 이제 천지를 하나의 큰 용광로로 보고, 조물주를 이 용광로의 대장장이로 본다면 내가 용광로에 들어가 무엇이 되든지 안 될 것이 있겠는가. 그건 대장장이 마음이지.

자래는 말을 마치자마자 편안하게 잠이 들었습니다.

여기에서 대장장이로 비유하고 있는 조물주는 천지신명을 가리킨다. 만물은 자연의 순리에 따라 음양의 기운이 모이고 흩어지면서 형성될 따름이다. 천지신명은 이러한 자연의 변화를 주관한다. 인간이 지은 업보에 따라 내세가 결정된다는 인과응보의 사상도 아니고, 그리스도교에서 말하는 인격신인 창조주와 같은 신神도 아니다.

06

하늘이 내린 형벌

예禮

자상호子桑戶와 맹자반孟子反 그리고 자금장子琴張 세 사람이 모여 벗의 사귐에 관하여 이야기를 나누었습니다.

세 사람: 누가 서로 사귀지 아니하면서 사귈 수 있고, 아무런 흔적을 남기지 아니하면서 서로 도울 수 있을까? 누가 세상을 초연超然하여 무극无極의 경지에서 생사를 잊어버리고 다함이 없는 곳에서 노닐 수 있을까?

세 사람은 서로 보고 웃었고, 마음이 통해 친밀한 벗이 되었습니다.

얼마 동안 아무 일 없이 지내다가 자상호가 죽자, 공자가 이 말을 듣고 장례를 치르기 전에 자공子貢을 보내 장례를 돕도록 하였습니다. 자공이 가서 맹자반과 자금장을 보니, 한 사람은 만가(輓歌 죽은 사람을 애도하는 노래)를 짓고, 한 사람은 거문고를 타면서 함께 노래를 부릅니다.

맹자반 자금장: 아아 상호여! 아아 상호여! 그대는 벌써 귀천歸天했구나. 우리를 속세에 남겨두고!

자공: 〈빠른 걸음으로 달려가며〉 감히 물어보겠습니다. 주검 앞에서 노래 부르는 게 예의에 맞을까요?

맹자반 자금장: 〈서로 보고 웃으며〉 이 사람, 예의의 참뜻을 알고나 있는지요?

자공이 돌아가서 이런 상황을 공자에게 아뢰었습니다.

자공: 저들은 어떻게 된 사람들일까요? 수행修行됨이 없고, 예법도 모르고 방탕한 것 같으며, 주검 앞에서 노래나 부르며, 슬퍼하는 기색도 없이 얼굴빛도 변하지 않으니, 저런 사람을 뭐라 형용할 방법이 없습니다. 저들은 도대체 어찌 된 사람입니까?

공자: 그들은 예의에 매인 속세 밖에서 노니는 자들이야. 그리고 나는 속세에서 예의를 가르치며 사는 사람이지. 저쪽 세계와 이쪽 속세는 서로 관계가 없는 것이야. 그럼에도 내가 자공을 보내 문상하게 했으니, 내 생각이 좁았구나!

그들은 조물주와 함께 지내며, 천지의 생성한 타고난 기운 [원기元氣]에서 노니는 자들이야. 그들에게 삶이란 마치 사마귀와 같은 군더더기고, 죽음은 무슨 종기가 터져 고름이 나온 것이나 같은데, 그런 자들에게 생사의 앞뒤를 구별하는 것이 무슨 의미가 있겠는가?

그들은 잠시 서로 다른 물질을 빌려, 하나의 몸에 기탁하여 형체를 이루고, 자기의 간과 쓸개도 잊어버리고, 자기의 눈과 귀도 버리고, 생사는 순환 왕복하는 것으로 여기고, 그 실마리가 어디인지도 모르고, 망연히 세속의 밖에서 배회하고, 무위无爲의 경지에서 배회하는 그런 사람들이 어찌 구차스럽게 속세의 예의를 지키며 보통사람들에게 보이려 하겠는가?

자공: 그렇다면, 선생님께서는 어느 쪽에 의지하고 계십니까?

공자: 나는 하늘이 내린 형벌[예법]의 지배를 받고 사는 속세 사람이지. 〈예의란 속세인의 자유를 구속하는 형벌인 것이야. 나도 예의에서 벗어날 수가 없다네.〉 그렇지만, 제자들과 함께 道를 추구하며 살고 싶구나.

자공: 道를 추구하는 어떤 방법이 있을까요?

공자: 물고기는 물에서 살 수 있고, 사람은 道에서 살 수 있는 것이야. 물에서 사는 물고기는 못을 파주면 거기에서 영양분을 받아 살아갈 수 있고, 道에서 사는 사람은 무사하게 조용히 놔두면 삶이 안정될 수 있지. 그래서 '물고기는 강과 호수에서 서로를 잊고 자유롭게 살고, 사람은 道에서 서로를 잊고 자유롭게 지내는 것'이라고 한 것이야.

자공: 기인奇人이란 어떤 사람입니까?

공자: 기인은 보통 사람들과는 다르지만, 하늘의 뜻에 맞게 자연과 더불어 사는 사람이야. 그래서 '하늘의 소인은 속세에서는 군자이고, 속세의 군자는 하늘에서는 소인'이라는 말이 있는 것이지.

07

도道와 하나가 되는 경지

천일天一

안회가 공자에게 물었습니다.

안회: 맹손재(孟孫才: 魯나라 맹손씨 후손)는 그의 어머니가 돌아가셨을 때 곡을 하면서 눈물을 흘리지 않았고, 마음속으로 근심하지 않았으며, 상중에도 슬퍼하지 않았습니다. 이렇게 세 가지를 하지 않았는데도 상을 잘 치렀다는 소문이 노나라에 파다하게 퍼져있습니다. 혹시 그리 충실하지 않았는데도 그렇게 이름이 날 수 있습니까? 기괴하다는 생각이 듭니다.

공자: 맹손재는 보통사람이 아는 상례보다 잘 치른 것이야. 사람들은 간소하게 치르고 싶어도 어려워 그러지 못했는데, 그는 해낸 것이야. 맹손씨는 사는 것이 무엇인지에 개의치 않았고, 죽는 것이 무엇인지에

도 개의치 않았으며, 죽고 사는 것 중 어느 것이 먼저이고 나중인지에 관해서도 개의치 않았어. 생사의 수없는 변화 과정에서 어떤 사물이 되는 것뿐이지. 그러니 알지 못하는 변화를 기다릴 수밖에!

만일 그가 변화하려고 한다면 아직 변화하지 않았는지 어찌 알며 그가 변화하지 않으려 한다면 그가 이미 변화했는지 어찌 알겠는가? 나와 네가 지금 꿈속에서 깨어나지 않고 있는 것이겠지! 맹손씨는 '사람의 몸은 변화해도 심신은 손상이 없고, 심신이 머무르는 몸[집]은 바뀌어도 정신은 죽지 않는다'고 여기는 것이야.

맹손씨는 홀로 깨어있는 사람이지. 슬픔을 초월해 있지만, 다른 사람이 곡을 하니까 따라서 곡을 하는 것이야. 사람들은 지금 보이는 몸을 두고서 '이것이 나야'라고 말하지만, 그게 정말 '나'인지 어떻게 알 수 있을까? 너는 꿈속에서 새가 되어 하늘을 날기도 하고, 꿈속에서 물고기가 되어 물속을 다니기도 하겠지. 지금 말하고 있는 우리가 깨어있는 것일까 아니면 꿈속에 있는 것일까? 모르는 일이야.

……

마음속에서 무의식적으로 어떤 경지에 이르렀다고 해도 깨어있으면서 웃는 것보다 못하지. 웃음이란 가식적인 것이 아니라 자연스러워야 해. 자연스럽게 사물의 변화에 순응해 나가면 마침내 고요하고도 공허한 세계에 들어가, 道와 하나가 되는 천일天一의 경지에 도달할 수 있는 것이야.

08

나의 사부師父 신령님

오사吾師

의이자意而子라는 사람이 허유를 찾아가 만났지요.

허유: 요임금이 자네에게 무얼 가르쳐 주던가?

의이자: 요임금이 말씀하시길 '너는 반드시 인의仁義를 실행하고 시비를 가려 분명히 말하라'고 했습니다.

허유: 그런데 자네는 무얼 하려고 여기에 왔는가? 요임금은 이미 자네에게 인의로써 이마에 죄명을 새기고, 시비를 가려 코를 베는 형벌을 주었는데, 자네는 어찌하여 다시 자유분방한 세계에서 노닐려고 하는가?

의이자: 비록 이렇게 형벌을 받았지만, 아직도 저는 그런 세계에서 노닐고 싶습니다.

허유: 말이 안되네. 시력을 잃은 사람은 미인이나 옷의 화려함을 분별하지 못하는 법이야.

의이자: 미녀 무장无莊은 자신의 아름다움을 잊고, 용사 거량據梁은 자신의 역량을 잊고, 황제는 자신의 총명한 지혜를 잊은 것은 모두가 천지의 용광로 속에서 단련된 후 어떤 경지에 도달했기 때문입니다. 조물주가 저의 이마에 새겨진 죄목과 코가 베어진 자국을 지우고 온전한 몸이 되게 해준 다음, 선생님을 따를 수 있게 해줄지 누가 압니까?

허유: 그래! 그야 누구도 알지 못하지. 내 자네에게 그걸 대략 이야기 해주리라.

나의 사부 신령님께서는 만물이 서로 어울려 지내게 이뤄 놓고도 그걸 의義로 여기지 않고, 만세에 은혜로움을 베풀고도 그걸 인仁으로 여기지 않으며, 태초부터 존재해오고 있어도, 노쇠하게 보이지 않으며, 하늘은 덮어주게 하고, 땅은 실어주게 하며, 만물의 온갖 형상을 조각하고도 기교를 자랑하지 않는다네.

그런 세계가 바로 자네가 노닐어야 할 곳이라네.

09

만물과의 소통

좌망坐忘·동우대통同于大通

안회와 공자가 이야기를 나눕니다.

안회: 저 뭔가 진보한 게 있습니다.

공자: 무슨 진보인가?

안회: 인의仁義를 잊어버렸습니다.

공자: 좋지. 그러나 아직 멀었어.

며칠이 지난 뒤 둘은 다시 만났습니다.

안회: 저 진보한 게 있습니다.

공자: 진보한 게 무언가?

안회: 예禮와 악樂의 규범을 잊어버렸습니다.

공자: 아주 좋아. 그래도 아직 부족해.

또 며칠이 지나서 안회가 공자를 만났습니다.

안회: 저 진보했습니다.

공자: 무얼 진보했다는 거야?

안회: 좌망坐忘에 도달했습니다.

공자: 〈놀라며〉 좌망이 무슨 말이야?

안회: 저는 저의 사지와 몸통이 있음을 잊어버렸고, 총명함을 버렸고, 형체와 지식에서 벗어나 차별심(差別心 대상을 구별하는 마음)이 없어져 만물이 서로 통하여 하나가 되었는데[동우대통同于大通], 이러한 경지가 저의 '좌망'입니다.

공자: 만물이 한 몸으로 통하여 좋고 나쁨의 차별이 없어지고, 집착이 없어졌구나[동즉무호同則无好 화즉무상化則无常]! 현인이로다. 내가 네 자취를 따라가게 해다오.

10

명命

자여子輿와 자상子桑은 친구였습니다. 장맛비가 열흘이나 내리던 어느 날이었습니다.

자여: 가난한 자상이 고생하고 있겠구나!

자여가 먹을 것을 싸서 그에게 갔습니다. 자상의 집 앞에 이르렀을 때 자상이 거문고를 타며 노래하듯 흐느끼는 소리가 들렸습니다.

자상:(나를 이 꼴이 되게 한 것은) 아버님이실까! 어머님이실까! 하나님이실까! 사람들일까!

자상은 힘없이 겨우 소리를 내며 무언가에 쫒기듯 계속 흐느끼며 읊

조릴 뿐이었습니다. 그때 자여가 문안으로 들어갔습니다.

자여: 그대 노래가 어찌 그런 가락인가?

자상: 나는 내가 어찌하여 이처럼 곤경에 빠져있는지 그 원인을 생각해보는 중인데, 답을 찾지 못했다네. 설마 부모님이 자식이 빈곤해지기를 바라셨을까? 하늘은 사심 없이 모두를 덮어주고, 땅은 사심 없이 모두를 실어주는데, 설마 천지가 나만 가난해지길 바랐을까? 도대체 누구인지 알 수가 없다네. 그러나 내가 이 지경에 이르렀으니, 이거야 정말 '명命'일 것이야!

세상만사가 원인 없이 생겨나는 일은 없다고 한다. 자상이 가난해진 원인이 분명히 있을 것이다. 그런데 사람들은 그 원인을 찾지 못했을 때는 흔히 그것을 운명으로 돌려버린다.

응제왕應帝王은 제왕帝王, 즉 통치자가 마땅히 어떻게 나라를 다스려야 하는가에 관한 치국론治國論이다. 큰 꿈을 지닌 젊은이라면 설령 삶이 고달플지라도 술책을 부리는 기관에서 일하거나 지저분한 일에 끌려다니며 속물이 되지 말아야 한다. 항상 수신修身하면서 덕성을 함양해야 한다. 그리고 통치자가 되면 사욕과 위선 그리고 허식을 버리고, '무위'의 덕정德政을 실현해야 한다. 이것이 진정한 제왕의 통치술이다. 인위人爲의 정치는 곧 위정僞政이다. 위정은 본성을 파괴하여 '혼돈渾沌; 混沌'을 죽이는 결과를 초래할 뿐이다. 장자는 성인聖人을 통치자의 뜻으로 쓰고 대도大盜에 비유하여 비꼬아 비판한다. 이는 자사子思가 말한 德을 갖춘 성인의 개념과는 다르다. 아무튼, 노자와 장자 그리고 자사의 정치관은 서로 상통한다. 이들은 이상사회의 실현을 주장하는 동지들이라 하겠다.(참조: 《초간 노자》 제8장)

제7장

통치자의 기품

응제왕應帝王

01

외물外物에 대한 편견이 없어야

설결이 왕예에게 〈외물에 관한 문제를〉 네 차례 물었는데, 모두 모른다고만 답했습니다. 그러자 설결은 뛸 듯이 기뻐하며 바로 스승 포의자蒲衣子에게 달려가서 그 말을 전했습니다.

포의자: 너는 이제야 그걸 알았느냐? 유우씨(有虞氏: 순임금)는 옛 제왕인 태씨泰氏보다 못해. 유우씨는 인仁으로써 사람의 마음을 얻으려고 하는데, 설령 그런다 해도 이는 외물에 대한 편견에서 벗어나지 못한 것이네.

그런데 태씨는? 그는 잠잘 때 느긋하고, 깨어나서도 느슨하며, 자신이 말인지 소인지도 모를 정도이고, 그의 지知는 확실하여 믿을 수가 있었고, 그의 덕은 아주 진실하였으며, 그리고 외물에 대한 편견이 없었다네.

설결과 왕예의 문답은 〈제2장 제물론-08〉에 먼저 나와 있다. 남자들이 좋아하는 미녀라 할지라도, 물고기나 새들에게는 공포의 대상이 될 뿐이다. 여기서 왕예는 시비와 선악을 가리는 것은 인간의 좁은 생각 속에 들어있는 것이지, 그런 생각을 벗어나면 무의미하다고 가르친다.

이로 미루어 보아 본편에서 설결이 왕예에게 네 번이나 물은 것이 무엇인지는 원문에 나와 있지 않지만, 앞의 제물론의 내용을 참고해 문맥을 짚어보면 '외물外物'에 관한 질문으로 추정해볼 수 있다. 왕예는 계속 모른다고만 답했는데, 설결은 이 말을 '사물들을 분별하는 표준이란 없다'라는 뜻으로 받아들였고, 자기 생각과 통했다고 느껴 기뻐했을 것이다.

순임금은 비록 인仁을 바탕으로 한 정치로 백성의 마음을 얻었지만, 외물에 대한 편견이 있어 천하를 다스리는 제왕으로서의 수준에는 미달하였다. 그러나 상고上古시대 최고의 황제로 알려진 태씨는 백성들이 자신을 소로 보기도 하고 말로 보기도 할 정도로 분별심이 없었다. 이로써 황제와 백성 그리고 만물 모두가 德의 세계, 즉 불이不二의 세계에서 함께 지냈다. 태씨는 천하 제왕으로서의 진정한 기품을 지녔던 것이다.

02

먼저 수신修身하여

견오가 광접여를 만났습니다.

광접여: 자네 스승 일중시日中始께서 자네에게 뭐라 하시던가?

견오: '통치자가 자기의 뜻에 따라 법도를 만들어내면, 백성 중에서 누가 감히 복종하고 교화되지 않을 사람이 있겠는가.'라고 이르셨습니다.

광접여: 그런 德은 거짓이야. 그런 술수를 부려 나라를 통치하려는 것은 마치 바다 위를 걸어서 건너고, 강에다 구멍을 뚫고, 모기에게 산을 짊어지게 하는 것처럼 엉터리야. 성인의 통치가 어디 밖을 다스리는 일인가? 먼저 몸과 마음을 수양하여 德을 바르게 쌓은 다음에 그 德을 밖에 베푸는 것이고, 제대로 실행되고 있는지를 확인하는 것뿐이지.

새는 높이 날아서 화살의 위험을 피하고, 쥐는 신의 제단 밑에 구멍을 깊게 파고 들어가서 연기에 숨이 막히거나 구멍이 파헤쳐지는 위험에서 벗어나고 있지. 그런데 두 미물이 무지하다 하겠는가!

통치자가 법도를 만들어 백성을 구속하려고 들면, 백성은 당연히 그런 위험을 피하는 방법을 찾아내기 마련이다. 그러니까 성인은 무위无爲의 덕치德治로써 나라를 다스려야 한다.

03

사심私心이 끼어들 틈이 없도록

천근天根이라는 사람은 은산殷山의 남쪽에 놀러 가서 요수蓼水의 물가에 이르렀을 때 우연히 무명인无名人을 만나 물었습니다.

천근: 천하를 다스리는 통치술에 관해 말씀해주십시오.

무명인: 꺼져! 비루한 놈아. 어찌 그런 추잡한 질문을 하는 거야! 나는 지금 조물주와 함께 지내는 중이야. 그러다가 싫증이 나면 저 높은 창공을 나는 새를 타고, 우주로 나가 허무의 세계에서 노닐고, 끝이 없는 망망한 광야에서 살려고 해. 그런데 너는 어찌 천하를 다스린다는 잠꼬대 같은 소리로 내 마음을 흔드느냐?

〈천근이 다시 물으니 무명인이 말했습니다.〉

무명인: 너는 네 마음을 담담한 경지에 머무르게 하고, 그러한 적막함 속에서 음양의 기운을 녹여내고, 사물의 자연스러운 변화에 순응하되, 사사로운 마음이 끼어들 틈이 없도록 하면 천하는 저절로 다스려지는 것이야

04

명왕明王의 통치술

양자거(陽子居: 楊朱)라는 도가학파 사람이 노담을 만나 말했습니다.

양자거: 여기 어떤 사람이 있습니다. 그는 매우 민첩하고 강건하며, 사물을 관통해 보고, 道를 배우는데 게을리하지 않습니다. 이런 사람을 가히 명왕明王에 비교할 수 있습니까?

노담: 성인에 비교해본다면 그런 사람은 쉬지 않고 일을 바꾸고, 자기의 기예로 인하여 몸을 지치게 하고, 마음을 괴롭게 하는 말단 관리에 불과하네. 게다가 호랑이와 표범은 가죽의 아름다운 무늬 때문에 사냥꾼을 끌어들이고, 원숭이는 그의 민첩함 때문에 사냥개는 사냥을 잘하기 때문에 목줄에 매여 끌려다니는 것이지. 이런 사람을 어찌 명왕에 비교할 수 있겠는가?

양자거: 〈놀라며 묻기를〉 그러면 명왕의 통치술은 어떤 것입니까?

노담: 명왕의 통치술은 공적이 천하를 덮어도 그것을 자기가 한 일이라고 드러내지 않고, 만물과 백성이 그로써 조화롭게 발전해도 의지하지 않았다 여기며, 무슨 공적이 있어도 백성이 그의 이름을 들어 칭찬하는 자가 없으며, 백성 모두가 스스로 노력해서 그렇게 된 것이라고 기뻐하게 하지.

그는 헤아릴 수 없는 경지에 몸을 두고, 정신은 허무의 대도大道와 함께 지내시는 분이시다.

참조: 《초간 노자》 제16장

05

분별의 벽을 넘어

조탁복박彫琢復朴

정나라에 계함季咸이라는 무당이 있었는데, 사람의 생사존망生死存亡과 화복수요禍福壽夭를 알고, 그때를 연월年月뿐 아니라 열흘 안으로 귀신같이 알아맞힙니다. 정나라 사람들은 그를 보면 모두 도망갔습니다.

열자만이 그를 만나보고 심취해서 돌아와 스승 호자壺子에게 말했습니다.

열자: 처음에는 선생님의 도술이 최고라고 생각했습니다만, 지금 보니 더 높은 도술이 있음을 알았습니다.

호자: 나는 너에게 지금까지 도술의 겉으로 보이는 면만을 가르쳤

지, 아직 도술의 핵심에는 들어가지 않았다. 그런데 너는 이미 道를 터득했다고 생각하느냐? 암탉이 많아도 수탉이 없으면 어찌 살아있는 알이 나올 수 있을까? 너는 그런 하찮은 도술을 가지고 사회에 나가 겨루면 반드시 너를 믿으리라고 생각한 것이냐? 그런 생각을 하니까 그 사람이 너의 관상을 보게 된 것이야. 어디 한번 그를 데리고 와, 내 관상을 보게 해보라.

다음날 열자는 계함을 데리고 와 호자를 만나게 한 후, 같이 문을 나섰습니다.

계함: 아! 당신의 선생은 곧 죽소. 살 수가 없어요. 열흘을 넘기지 못할 것이오. 나는 그의 얼굴에서 괴이한 것을 보았소. 생기가 하나도 없는 젖은 재 같아요.

열자는 들어가서 흐르는 눈물로 옷깃을 적시면서 그 말을 호자에게 전했습니다.

호자: 아까는 내가 일부러 음의 기운이 강한 땅의 모양을 보여주었네. 고요하고 움직이지도 않는 모습이지. 아마도 생기가 두절된[두덕기杜德機] 상으로 보았기 때문에 그리 생각한 것일 게야. 다시 한 번 데리고 오라.

다음날도 열자는 계함을 데리고 와 호자를 같이 만나고, 문밖으로 나왔습니다.

계함: 다행히 당신의 선생은 나를 만나서 좋아졌습니다. 이미 막혔던 생기가 완전히 돌아왔어요! 어제는 두덕기 상태였는데, 지금은 달라졌어요.

열자가 들어가서 이 말을 호자에게 전했습니다.

호자: 방금은 양의 기운이 강한 천양天壤을 보여주었어. 이름이나 실제 모습이 마음에 나타나지 않고, 그저 한 줄기의 생기가 발뒤꿈치로부터 위로 퍼져 올라오는 모습이지. 그는 아마도 내 몸에 일어나는 생기의 움직임[선자기善者機] 을 보았을 것이야. 한 번 더 데리고 오너라.

다음날 또 열자가 계함과 함께 호자를 만나고 나서 밖으로 나왔습니다.

계함: 당신 선생의 정신이 일정하지 않아서 도저히 상을 볼 수가 없어요. 심신이 안정되면 다시 와서 상을 보겠소.

열자가 들어가 이 말을 호자에게 전했습니다.

호자: 이번은 무당에게 음양의 기운이 함께 어우러지는 상[태충막승太沖莫勝: 太虛]을 보여주었다네. 그는 아마도 태극상[형기기衡氣機]을 보았을 거야. 큰 물고기 암수 한 쌍이 서로 꼬리를 물고 빙빙 다니는 연못의 상[예환지심鯢桓之審]이 있고, 물이 머물러 쉬는 연못의 상[지수지심止水之審]이 있으며, 물이 흘러들어오고 나가는 연못의 상[유수지심流水之審]이 있지.

연못에는 9가지 종류의 상이 있는데, 이 중에서 3가지를 계함에게 보여 준 것이야. 그를 다시 한 번 데려와 보게.

다음날 열자는 계함과 함께 호자를 만났습니다. 계함은 호자를 보자마자 얼이 빠져 달아나 버렸습니다.

호자: 따라가 데리고 오라.

열자가 따라갔으나 계함을 만나지 못하고 되돌아왔습니다.

열자: 벌써 사라졌어요. 보이지 않아 따라갈 수가 없었습니다.

호자: 방금 나는 그 사람에게 내가 근원에서 나오려고 시작을 하지 아니한 상태[미시출오종 未始出吾宗]를 보여주었네. 나는 천지가 생겨나기 전의 공허한 혼돈상태에서 무엇으로 생겨날지도 모르는 상태야. 그저 변화의 흐름에 따르고 물결치는 대로 흐르는 모습이라 아무런 상이 없었지. 그래서 계함이 달아나버린 것이야.

미시출오종未始出吾宗 음양으로 분화되기 전의 상태, 무극

이런 일이 있고서 열자는 자기가 배움을 시작조차 못했음을 깨달았으며, 집에 돌아와 3년 동안 밖에 나가지 않았고, 아내를 도와 불 때고 밥을 짓는 일을 했고, 돼지 기르기를 사람 봉양하듯 했습니다.

그리하여 사물에 대하여 애착을 갖거나 소홀한

조탁복박彫琢復朴 인위적으로 깎고 다듬어 꾸며진 허식虛飾을 버리고, 자연의 소박素朴함으로 돌아감

것의 분별이 없어졌고, 꾸며진 화려함에서 소박함으로 돌아갔으며[조탁복박彫琢復朴], 속세에 살면서 흘러가는 대로 그렇게 놔두고 세상일에 개의치 않았으며, 어지러운 세상 속에서도 평온한 삶을 살아 천수를 누렸습니다.

열자는 세속에서 유식하다고 말하는 지식은 대단히 편협하다는 사실을 깨달았다. 아내를 도와 불을 때고 밥을 지으며 남자와 여자의 귀천, 그리고 인간과 동물의 차별을 넘어가 사물에 대한 분별의 벽을 허물었다. 그런 가운데에서 제물齊物의 道를 터득하고, 자연의 소박함으로 돌아간 것이다.

06

거울 같은 마음씨

용심약경 用心若鏡

명성에 얽매이지 말고[무위명시无爲名尸],
술책을 부리는 기관에서 일하지 말고
[무위모부无爲謀府],
하찮은 일에 끌려다니지 말고[무위사임无爲事任],
얄팍한 지혜로써 일을 주관하지 말아야 합니다
[무위지주无爲知主].
무궁한 도리를 깨닫고,
불순함이 없는 곳에서 일하고,
천부적 자연 본성에 순응하고,
스스로 자랑하지 않으며,

용심약경用心若鏡
지인至人의 마음가짐은 거울처럼 아무런 꾸밈없이 있는 그대로를 비추어 줄뿐이라는 뜻. 통치자는 거울 같은 꾸밈없는 마음씨를 가져야 어떠한 시련에 부딪혔을 때에도 이를 이겨낼 수 있고 상처를 입지 않는다는 말이다.

오로지 맑고 텅 빈 마음을 추구해야 합니다.

지인의 마음씨는 맑은 거울 같은 것,
일부러 보내려 하거나 일부러 맞이하지 않으며,
자연 사물에 대하여도 편협한 마음을 가지지 않기 때문에
어려운 시련에 부딪혀도 이를 견디어낼 수 있고 상처를 입지 않습니다.

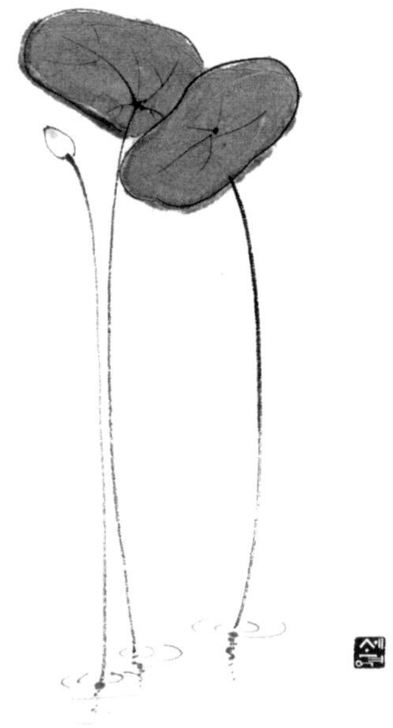

07

자연·본성을 파괴하지 말아야

숙홀착공儵忽鑿孔

남해의 제왕을 '숙儵'이라 하고, 북해의 제왕을 '홀忽'이라 하며, 중앙의 제왕을 '혼돈渾沌'이라 부릅니다.

숙과 홀이 때때로 혼돈의 땅에서 만나는데, 혼돈은 그때마다 극진히 대접했습니다. 숙과 홀이 혼돈의 은덕에 대하여 어떻게 보답해야 할지를 의논했습니다.

숙과 홀: 사람은 모두 일곱 구멍이 있어 보고 듣고 먹고 숨 쉬는데, 유독 혼돈만이 이런 구멍이 없으니 구멍을 뚫어줍시다.

그래서 숙과 홀이 매일 한 구멍씩 뚫어주었는데, 7일이 되자 혼돈은 바로 죽어버렸습니다.

이 고사를 '숙홀착공儵忽鑿孔'이라 한다. '숙儵과 홀忽'은 생각이 단순하고 서두르는 기질을 뜻하는 이름으로 '유위有爲'를 상징하며, '혼돈(渾沌: 混沌)'은 '자연自然'이며 道를 상징한다. 착공鑿孔은 '구멍을 뚫다'는 뜻인데, '구멍'이란 특정 분야에 관한 편견을 의미한다. '공孔'자는 원문에 '규竅'자로 나온다.

눈이라는 구멍은 보는 것만을 믿는 편견이 있고, 귀라는 구멍은 듣는 것만을 믿는 편견을 유발한다. 이런 식으로 사람이 지닌 7개의 구멍은 모두가 각각 편견을 일으킨다. 7개의 구멍을 지닌 숙홀은 자기들의 가치 기준에 맞추어 구멍이 없는 혼돈에게 구멍을 뚫어주어 혼돈이 죽어버렸다는 이야기다.

혼돈은 구멍이 없기에 어떠한 편견도 없다. 그것이 혼돈의 타고난 특성이며 본래의 모습인 '자연·본성'이다. 그 특성을 무시하고 구멍을 뚫어주어 개성이 죽었고, 그래서 생명마저 잃어버리게 된 것이다.

부모들은 자식을 키우면서 아이들이 지닌 개성을 살려주기보다는 일률적으로 영어나 수학공부를 위해 학원에 보낸다. 그래야 학교에서 좋은 성적을 얻어 일류대학에 진학할 수 있고 또 졸업 후에도 좋은 직장에 들어갈 수 있다고 믿기 때문이다. 그래서 아이들은 부모의 강요에 의해 싫어하는 과목을 억지로 공부하다 보니, 자신의 소질이 살아나지 못하고 개성이 죽어버린다.

젊은이가 좀비Zombie족이 되거나 정신질환에 시달리기도 한다. 우울증이나 소진증후군 같은 질환은 이미 개인이나 사회에 만연된 병이다. 비정상으로 꽉 찬 혼탁한 사회 속에서 숨을 제대로 쉬지 못해 생기는 현대병이다.

학교 교육은 학생들의 개성을 살려내지 못하고, '혼돈'에 구멍을 뚫듯 본성을 죽이고 있다. 그리고 사회적으로는 분노할 일이 너무 많다 보니, 오히려 분노를 포기해버리고 스스로를 학대하며 자살해버리는 풍토가 퍼지고 있는 것이 아닌지. 우리나라의 자살률이 OECD 국가 중에서 최고라고 한다. 나라가 온통 우울증에 시달리고 있는 것 같다.

산골에서 밭농사를 지으며 살아가는 두 농부의 이야기가 있다.

농사에서 중요한 문제는 가물 때 물을 확보하는 일이다. 다행히 계곡에는 웅덩이가 하나 있다. 극심한 가뭄으로 계곡에 물이 흐르지 않는 때에도 웅덩이에는 바위 아래에서 물이 계속 흘러나오기 때문에 물이 마르지 않아 고기들도 살아가고, 그 웅덩이의 물을 항아리에 담아 날라 가뭄을 이겨나갈 수 있었다.

그런데 어느 날 옆 밭에서 농사짓는 젊은 농부가 시장에 내다 팔 목적으로 비닐하우스를 크게 짓고, 고추와 오이를 대량으로 재배하기 시작하면서 갈등이 생겨났다. 물이 대량으로 필요한 것이다. 젊은 농부는 발동기를 돌려 밤새 고인 물을 재빨리 품어 올려 농사를 지으니까, 노인은 항아리에 담아갈 물이 부족하고 웅덩이의 물고기도 모두 죽어버렸다. 그동안 노인은 편리한 기계를 쓸 줄 몰라서 쓰지 않은 것이 아니라, 웅덩이에 사는 물고기들의 삶의 터전을 보호해주려고 조심스럽게 물을 항아리에 담아 날랐던 것이다.

인간은 이기적 욕심에 의하며 기계를 만들어내서 자연을 훼손하고, 그러다가 오히려 기계의 지배를 받게 되었다. 기계 없이는 하루도 살아가지 못하는 나약한 인간이 된 것이다. '혼돈'이 죽어버린 까닭은 주관적인 가치를 기준으로 해서, 서둘러 본래의 자연 모습을 파괴했기 때문에 생겨난 일이다. 숙홀이 착공하듯, 인위적으로 일을 벌이거나 조작해서는 안 된다.

무슨 일이든 서두르지 말고 자연의 순리에 따라야 재앙을 막을 수가 있다. '욕속부달欲速不達'이라는 성어가 《논어》 〈자로〉에 나온다. 일을 서두르면 목적을 달성하지 못한다는 뜻이다. 유위有爲를 경계하는 말이다.

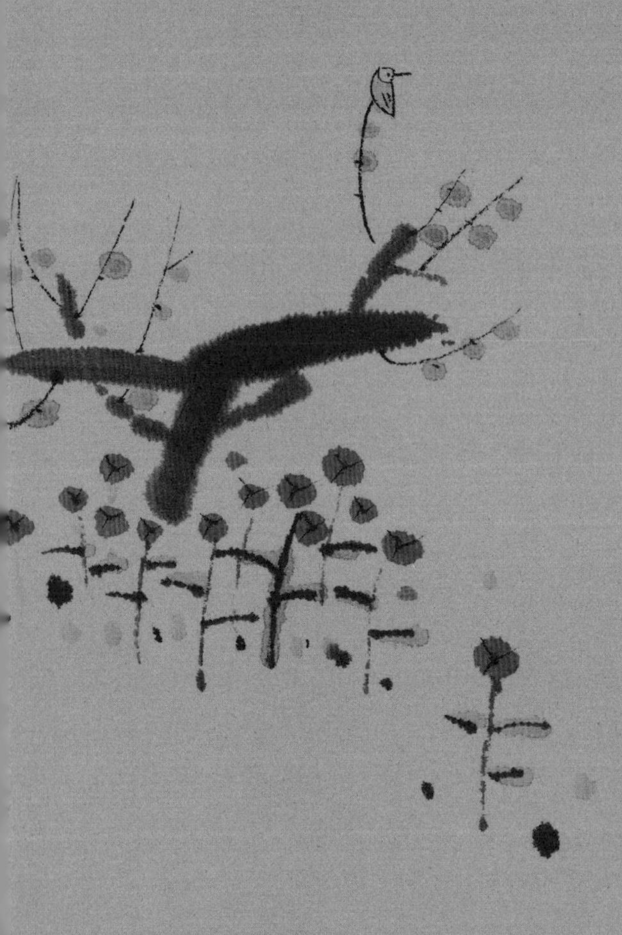

부록

외편

01

변무駢拇

변駢'은 수례를 끌기 위해 두 말이 나란히 멍에를 매고 있는 모습을 뜻한다. 이처럼 엄지와 둘째 발가락이 붙어있는 것을 '변무駢拇'라 한다. 이는 신체의 비정상을 뜻하는데, 이 또한 하늘이 그렇게 만든 것이니까 자연의 본성에 부합되는 것이고, 따라서 정상이라는 말이다. 그런데 만일 붙어있는 발가락을 인위적으로 갈라놓는다면, 그것이 오히려 본성을 해치게 된다는 것이다.

사람들 중 어떤 사람은 인의의 정이 넘치고, 어떤 사람은 모자란다. 그런데 유가儒家들은 인의에 관한 어떤 표준을 정해놓고 그 표준보다 미달하는 사람을 억지로 끌어올리려고 하는데, 그러한 일은 불필요한 짓이라는 것을 변무에 비유하여 설명하고 있다.

인류사회의 안녕을 추구하는 유일한 길은 인의라는 명분으로 어떤 제도나 규율을 만들어내서 인간의 사상이나 성품을 속박하는 데 있는 것이 아니라, 소박한 자연의 본성을 회복하는 데 있다는 말이다.

1.1 오리 다리와 학의 다리

엄지와 둘째 발가락이 붙어있는 변무騈拇나 한 손에 손가락이 여섯인 지지枝指는 타고난 것입니다. 변무는 발가락 사이에 군살이 붙어있는 것이고, 지지는 쓰지 않는 손가락 하나가 더 있는 것입니다. 이는 쓸데없고 지나친 것이지만, 하늘로부터 부여받은 본성이니까 그냥 내버려 두고 살면 되는 것입니다.

그런데 붙어 있는 발가락을 억지로 갈라주거나 여섯 손가락 중에서 하나를 억지로 잘라낸다면 그는 고통으로 비명을 지를 것이고, 어쩌면 단명短命할 수도 있습니다. 이는 마치 오리의 다리가 짧다고 하여 다리를 길게 늘여준다거나, 학의 다리가 길다고 하여 짧게 잘라준다거나 해서 비극을 초래하는 것과 같은 이치입니다. 본래 짧은 것을 보고 짧다고 걱정하고, 긴 것을 보고 길다고 걱정할 일이 아닙니다. 짧은 것은 짧은 그대로 살게 두고, 긴 것은 긴 대로 살게 내버려 두면 되는 일입니다.

본래 생긴 대로 사는 것이 자연의 삶이고 천명天命입니다. 억지로 이를 바꾸려고 하면 불행해집니다. 인의도 마찬가지입니다. 본래의 성품대로 살게 내버려두면 되는 일이지, 근심하고 걱정할 일이 아닙니다. 그런데 인인仁人이라는 사람들은 왜 그토록 우수憂愁가 많을까요?

〈중략〉

1.2 미혹迷惑

작은 미혹迷惑은 방향에서 착오를 일으키는 것이고, 큰 미혹은 근본,

즉 본성이 바뀌는 착오를 범하는 것이지요. 그런 도리를 어떻게 알 수 있습니까?

우씨(虞氏: 순임금)가 인의를 표방하여 천하를 어지럽게 한 때로부터 천하에 인의라는 명분 때문에 다투지 아니한 사람은 없었지요. 이것이 인의로써 사람의 본성을 바꾸려는 것이 아닙니까? 이제 이 문제를 좀 더 논의해 보면 하상주夏商周 3대 이래, 천하에 외물로 인해서 자기의 본성을 바꾸지 아니한 사람은 없었지요.

소인小人은 재물을 위하여 목숨을 잃고, 사인士人은 명성을 위하여 목숨을 잃고, 대부大夫는 가족을 위하여 목숨을 잃고, 통치자 성인은 천하를 보전하기 위하여 목숨을 버립니다. 이들 네 사람은 비록 하는 일이 다르고 명분도 다르지만, 본성을 잃고 목숨을 잃는 것은 모두 같습니다. 이거야말로 큰 미혹이지요.

〈중략〉

02

마제馬蹄 말의 발굽

야생마를 잡아다 처음 고삐를 채우고 안장을 얹을 때 말은 길길이 날뛸 것이다. 하지만 재갈을 물려 길들여진 다음에는 자신의 처지를 고분고분 받아들인다. 심지어 도망칠 수 있는 상황이 생겨도 말은 달아나지 않는다. 그 자리에 가만히 서 있을 뿐이다.

마침내 말은 자신을 부릴 누군가가 나타나지 않으면 불안해지는 상태에까지 이른다. 스스로 살아가는 법을 잊어버린 탓이다. 물론, 새로운 주인은 자신을 먹여주고 돌봐준다. 왜 말을 보살피겠는가? 말을 부려 먹기 위해서다. 그러나 이용 가치가 사라진 순간, 주인은 말을 내칠 것이다.

16세기 유럽의 지성인 라보에티(Étienne de La Boétie: 1530~1563)는 길든 말의 처지를 "자발적 복종"이라 했다. 처음에는 살기 위해서 강자에게 복종하지만, 오랜 시간이 흐르면서 자신을 부릴 누군가가 나타나지 않으면 불안해지는 상태에까지 이른다. 스스로 살아가는 법을 잊어버린 탓이다. 이쯤 되면 자발적 노예가 되려고 강자에게 매달리게 된다. 지금의 우리 현실을 비유하는 이야기로 들린다.

2.1 재갈 물린 말

말은 본래 네 발굽으로 서리와 눈을 밟으며 돌아다니고, 털로 찬바람을 막고, 들에서 풀을 뜯어 먹고 물 마시며 멋대로 뛰어다니는 것이 자연 본성입니다. 따라서 품위 있게 꾸며진 집이나 화려한 궁전은 말에게 아무런 쓸모가 없는 것이지요.

그런데 백락伯樂이라는 사람이 나타나 말을 잘 다룬다고 하면서 인두를 불에 달구어 낙인을 찍고 털을 깎아 내고, 머리에 굴레를 씌우고 재갈을 물리고, 두 다리를 묶어 훈련을 시키면서 말의 고통이 시작되었습니다. 뿐만 아니라 말을 훈련시키기 위해 굶기기도 하고 목이 마르게도 하고, 달리게도 하고 급히 뛰게도 하였습니다. 말은 앞으로는 재갈 때문에 고통을 겪고 뒤로는 채찍과 회초리 때문에 위협을 받게 됐습니다. 그 때문에 말들이 죽어가고 본성을 잃었습니다.

이 백락처럼, 질그릇을 만드는 도공은 "나는 찰흙을 잘 다룬다. 둥근 그릇을 만들면 그림쇠의 원에 들어맞고, 사각의 그릇을 만들면 곱자에 딱 들어맞는다."라고 지껄이고, 목수는 "나는 목재를 잘 다룬다. 둥근 것을 만들면 그림쇠에 딱 맞고, 곧은 것을 만들면 먹줄을 친 듯 그 선이 곧바르다."고 자랑하지요.

그러나 찰흙이나 목재의 성질은 그들의 말과 같이 그림쇠나 곱자나 먹줄에 딱 들어맞는 것을 바라지 않을 것입니다. 그런데도 세상에서는 옛날부터 "백락은 말을 잘 기르고, 도공은 찰흙을 잘 만지고, 목수는 목재를 잘 다룬다"고 대를 이어 그들을 칭찬합니다.

이렇게 본성에서 벗어나는 짓을 하게 된 것은 천하를 다스리는 자들이 그와 같은 기교를 중시하였기 때문에 생겨난 일이니, 바로 위정자들의 잘못인 것이지요.

2.2 천방天放의 시대

백성들이 자유롭게 베 짜서 옷을 만들어 입고, 밭 갈아 먹고사는 것이 공통된 본성입니다. 이처럼 하늘이 처음 부여한 본성에 따라서 자연에 순응하며 살아가는 것을 천방天放이라 합니다.

천방의 시대에는 산에는 인력으로 만든 길이 없었고, 물에는 배나 다리가 없었고, 만물이 함께 살았으며, 집들이 모여 있었으며, 짐승들이 무리를 지었으며, 초목이 무성했습니다. 그래서 짐승들과 함께 어울려 놀았고 나무에 올라가 새집도 들여다볼 수가 있었습니다.

그렇게 사람이 만물과 함께 평화롭게 살아가는 세상은 무슨 군자니 소인이니 하며 구별할 필요가 없었지요! 만물이 그런 말을 모르듯 사람들도 몰랐습니다. 그저 본성에 따라 살았고, 모두가 욕심 없이 소박하게 살았던 것입니다.

그런데 성인(통치자)이 출현하면서부터, 인의의 실행을 강요당하고 수많은 의혹이 생겨났습니다. 그리고 무절제한 음악과 번거로운 예의를 지어내어 귀하고 천한 것을 차별하는 현상이 나타나기 시작했습니다.

만일 도덕의 질서가 무너지지 않았다면 어찌 인의가 출현했겠습니까? 사람의 자연 본성이 사라지지 않았다면 예의나 음악이 무슨 필요가 있겠습니까? 도덕의 질서가 무너지고 자연의 본성이 사라진 것은 성인이라고 하는 통치자가 저지른 잘못입니다.

〈중략〉

03

거협胠篋

대도大盜가 판치는 세상

'거협胠篋'이란 상자[篋]를 열어[胠] '물건을 훔쳐가는 것을 뜻한다. 이는 좀도둑의 수법일 뿐, 큰 도둑은 돈궤를 부수기보다 통째로 들고 달아나는 법이다. 인의 규범을 따지는 것은 소인에게는 통할 수 있으나 실제로는 큰 도둑을 양성하는 것과 다름이 없다는 이야기다. 심지어 이들은 그런 규범을 무기 삼아 통치자의 자리도 차지할 정도다. 우리나라의 현대사만을 따지더라도 나라를 통째로 삼키는, 그런 간 큰 대도들이 수두룩하지 않은가.

3.1 좀도둑과 간 큰 도둑

좀도둑인 소도小盜는 상자를 열거나 자루를 뒤지거나 함을 부수거나 해서 물건을 훔쳐가지요. 그래서 이를 지키기 위해 상자나 자루나 함을 끈으로 묶고 자물쇠를 채워둡니다. 이것이 보통사람들이 말하는 지혜라는 겁니다. 그러나 대도大盜라 하는 큰 도둑은 끈으로 묶고 자물쇠를 채워둔 것을 통째로 들고 달아나버립니다. 들고 달아나면서 묶어 맨 끈이 풀릴까, 자물쇠가 열릴까를 걱정하지요.

그렇다면 소도를 막기 위해 지혜를 발휘한 행위가 오히려 대도가 물건을 편리하게 훔쳐가도록 쌓아 놓은 꼴 아닙니까?

세상에서 이른바 지혜라고 말하는 것을 보면 대도를 위해 재물을 쌓아둔 꼴이 아닌 것이 있을까요? 소위 성인이 지킨다고 하는 것이 대도를 위하지 않은 것이 있나요? 어떻게 그런 줄을 알 수 있을까요?

옛날 제나라는 마을들이 개나 닭이 우는 소리가 서로 들릴 정도로 가까웠고, 그물로 물고기를 잡거나 보습이나 호미로 농사짓는 범위가 사방 2천여 리였습니다. 그 나라의 경계 안에는 종묘사직을 건립하고, 읍옥邑屋·주려州閭·향곡鄕曲 등 크기에 따라 행정구역을 두어 다스렸으며, 모든 것이 통치자가 정한 법에 따라 이뤄졌던 것이지요.

그런데 전성자田成子라는 사람은 하루아침에 군주 간공簡公을 죽이고〈기원전 481년〉, 제나라를 통째로 훔쳤습니다. 즉, 비정상의 방법으로 대권을 잡은 것이지요. 일단 나라라는 큰 보따리를 훔쳐놓고 보니까 그 속에는 그동안 만들어 놓은 법이나 제도 등 각종 지혜의 산물이 다 들어있었습니다.

전성자는 도적이라는 이름을 들어도 성인이 만들어 놓은 지혜까지 훔쳤기에 그의 몸은 요임금이나 순임금처럼 편안할 수가 있었으며, 감히 소국들이 비난하지 못했고, 대국들도 벌하려 들지 않았습니다. 그래서 그의 자손들은 12대까지 제나라 임금으로 맥을 이어갔습니다.

다시 내 이야기를 계속하지요. 세상에 아주 총명하다는 지식인치고, 대도를 위해 일하지 않은 사람이 있나요? 소위 성스럽다는 사람치고 대도가 도적질을 쉽게 하도록 도와주지 않은 사람이 있나요? 그런 걸 어찌 아느냐고요?

옛날에 관용봉은 하나라 걸왕에게 바른말 하다가 참수斬首당했고, 비간은 은나라 주왕에게 바른말 하다가 심장이 뚫렸고, 장홍萇弘은 바른말 하다가 주나라 경敬왕에게 창자가 잘렸으며, 오왕 부차夫差에게 바른말 하다가 죽은 오자서伍子胥의 시체는 강물에 던져져서 썩어버렸지요. 이 네 현인 모두가 죽음을 면치 못했던 것입니다.

그렇기에 도적의 무리가 도척(盜跖 도적 수령)에게 묻습니다.

도적들: 도적질에도 道라는 게 있나요[도역유도 盜亦有道]?

도척: 어디에도 道는 있는 법이야. 집안 어디에 장물을 숨겨두었는지를 알아내는 것은 성聖이고. 집안에 들어갈 때 앞장서서 들어가는 담력은 용勇이고, 물건을 훔쳐 나올 때 가장 늦게 나오는 것은 의義이고, 사정에 따라 어떤 행동을 해야 할지를 아는 것은 지智이고, 훔친 물건을 고르게 나누는 것은 인仁이라는 것이지. 이 다섯 가지 덕목을 모두 갖추지 못한 사람이 대도가 된 적은 천하에 없어.

다시 말하자면, 누구든지 성인의 덕목을 갖추지 못한 사람은 선인善人이 될 수 없듯이, 도적도 성인의 덕목을 갖추지 않고서는 천하를 누빌 수 있는 대도가 되지 못하는 것입니다. 오늘날 세상에는 참 선인은 드물고, 엉터리 선인은 많지요. 그러니까 성인이 천하를 이롭게 한 일은 적고, 천하를 해롭게 한 일은 많다는 말입니다.

그래서 입술과 이가 서로 밀접한 관계이듯[순망치한脣亡齒寒] 성인이 온존하니까 대도가 온존하다고 말할 수 있는 것입니다. 이는 곧 성인을 없애버리면 대도는 저절로 사라지고, 살기 좋은 세상이 온다는 말이기도 합니다.

순망치한脣亡齒寒
입술이 없으며 이가 시리다. 원문에는 '순갈치한脣竭齒寒' 이라 했다.

3.2 나라를 훔친 대도

계곡에 물이 마르면 하천에도 물이 마르는 것[곡허천갈谷虛川竭]이고, 언덕을 평평히 하면 연못이 메이는 법[구이연실丘夷淵實]이지요. 성인이 죽어버리면 대도가 나타나지 못하니, 천하가 태평하고 무사해지는 것입니다. 만일 성인이 죽지 않는다면 대도가 그치지 않겠지요. 설령 성인이 천하를 다스리게 한다 하더라도 그러면 그럴수록 대도는 늘어나고 더 많은 재물을 훔치게 될 뿐입니다.

부정을 방지한다고 하여 두곡(斗斛 곡식을 되는 용기)을 만들어 곡식의 양을 가늠하게 되면 대도는 그 두곡을 훔쳐가 이용할 것이고, 저울을 만들어 무게를 단다고 하면 그 저울을 훔쳐가 이용할 것이고, 어떤 신표信標를 만들어내면 그 신표를 똑같이 만들어 이용할 것이고, 인의라는 규범을 만들어 사회질서를 잡으려고 하면 대도는 그 규범을 이용하여 더 많은 도적질을 할 것입니다. 어떻게 그런 걸 알 수 있을까요?

허리띠 고리 하나 훔친 소도는 참형의 엄한 형벌을 받고, 부정한 방법으로 나라를 훔친 대도는 통치자가 되어 나라를 다스린다면 그런 나라에는 인의라는 규범이 존재할 수 있겠는가? 설령 있다고 해도 그런 인의는 도적질한 것이 아니겠는가? 권력을 도적질해서 통치자가 되고, 인의를 훔쳐서 규범이나 제도를 만들어내고, 두곡·저울·신표 등을 훔쳐서 자신의 이익을 챙기는 대도들이니까, 설령 그들이 고위 관직에 올라 엄한 형벌로 다스린다고 해도 도적들을 막을 수가 없게 되지요. 이런 것은 모두 성인이 저지른 잘못 때문에 생겨나는 것입니다.

〈중략〉

04

추수秋水: 秋天洪水

'추수秋水'란 추천홍수秋天洪水의 줄임말이다. 홍수 중에서도 가을철에 나는 홍수의 규모가 엄청나기에 붙여진 이름이다. 불어난 수많은 강물이 모두 바다로 흘러들어 가는데도, 바다는 얼마나 넓기에 아무런 변화가 없을까. 그런데 道는 바다보다 넓고 깊다. 누구도 그 크기를 알지 못한다. 우물 안 개구리가 바다를 모르듯이, 공자가 유식하다고 하지만 어찌 道를 알겠는가?

4.1 우물 안 개구리

가을에 홍수가 나서 크고 작은 수많은 강물이 모두 황하로 흘러드니, 가운데 모래톱이 사라지고 맞은편 물가가 보이지 않을 정도로 수면이 넓어져, 건너편에 있는 것이 소인지 말인지가 분간할 수 없을 정도였습니다. 그러자 황하의 신神 하백河伯은 의기양양해져, 천하의 아름다움이 모두 자기 한 몸에 모여들었다고 생각했습니다. 하백은 흐르는 물결을 따라 동쪽으로 가서 바로 북해(北海:발해)에 도달했습니다. 거기서 동쪽을 보니 바다 끝이 보이지 않았습니다.

하백은 망망한 바다를 둘러보다가 망연자실하여 북해의 신, 약若을 향해 탄식하며 말했습니다.

하백: 속담에 '道에 관해 수없이 들어봐도, 모두 나보다 잘 아는 사람은 없다'고 한 경솔한 말이 바로 저를 두고 하는 말 같습니다. 저는 일찍이 공자의 견문이 좁다거나 백이伯夷의 의義를 경시하는 말을 듣고서 처음에는 그 말을 믿지 않았습니다. 그런데 오늘 그대가 광대 무궁하며 위대한 것을 보니, 그 말이 허튼 말이 아니란 걸 알았습니다. 만일 제가 여기에 와서 직접 눈으로 보지 않았더라면 줄곧 착각에 빠져 있을 뻔했어요. 그랬으면 저는 영영 득도한 사람들의 웃음거리가 되었겠지요. 그동안 저의 식견이 너무 좁았습니다.

약: 우물 안 개구리[정저지와井底之蛙]에게 바다에 관해 말할 수 없는데, 그 까닭은 그가 좁은 공간에 매여 살기 때문이오. 여름 한 철 사는 벌레에게 얼음에 관해 말할 수 없는데[하충불가어우빙夏虫不可語于冰], 그 까닭은 그가 짧은 기간에 매여 살기 때문이지요.

이와 마찬가지로 식견이 좁은 사람에게 道를 말할 수 없는 까닭은 그가 편협한 지식에 매여 살기 때문이오. 지금 당신은 황하의 언덕에서 나와 넓은 바다를 보고 자신의 식견이 좁고 추함을 깨달았다고 하니,

이제 당신에게 큰 이치를 말할 수 있게 되었소.

……

바다 이야기를 해보지요. 천하의 물 가운데 바다보다 큰 것은 없어요. 모든 하천의 물이 모두 바다로 흘러들어오는데, 언제 그칠지도 모르고, 아무리 들어와도 차서 넘치는 일도 없으며, 미려(尾閭 전설에 나오는 바닷물이 새어 나가는 구멍)로 아무리 물이 새어나가도 물이 줄어드는 것을 본 일이 없어요. 나는 천지 음양의 기를 받아 생겨났기에 봄이 오건 가을이 오건, 홍수가 나건 가뭄이 오건 모습이 변하지 않지요. 그러나 나는 나를 큰 산 중에 있는 한 개의 돌멩이나 한 그루 나무 같은 미미한 것으로 보고 있으니, 어찌 크다고 자만하여 뽐내겠소!

사해四海라고 해도 천지에 비교해보면, 큰 연못 속에 있는 개미집 정도의 크기라 할까요? 중국도 사해에 비교해보면 큰 창고 속에 있는 좁쌀 한 톨[대창제미大倉稊米] 정도의 크기랄까? 사람도 수많은 만물 가운데 한 종류일 뿐이고, 이 땅에 사는 수많은 사람 중에 있는 어떤 한 사람이야 참으로 미미한 존재일 뿐이지요. 어떤 한 사람을 만물과 비교해보면 말 몸에 난 터럭 한 개와 다를 것이 없지 않겠어요?

……

공자가 털끝만 한 지식을 가지고 박식하다고 과시하고, 스스로 고명高明하다고 만족해하

는 것은 황하가 천하에서 가장 큰 것으로 착각하고 자만했던 자네의 종전 생각과 다를 것이 없겠지요?

약若이 道를 바다에 비유하여 설명하는 말이다. 바다는 道를 상징한다.

4.2 개구리와 자라의 기쁨

〈상략〉

위모(魏牟: 魏나라 公子)가 의자에 기대여 한숨 쉬고 하늘을 보면서 웃으며 공손용(公孫龍: 전국시대 조나라 사람)에게 말했습니다.

위모: 자네는 얕은 우물 안 개구리 이야기를 들어보지 못했나? 그 개구리가 동해[황해]에서 온 자라에게 이렇게 말했다네.

'나는 너무 즐거워! 밖에 나가려면 우물 난간 위로 뛰어오르고, 안으로 들어오면 깨진 벽돌 위에서 휴식한다네. 물에 들어가면 물이 양 겨드랑이를 부축해 주고 턱을 받쳐주지. 흙탕물을 일으키면서 뒷발의 발등까지 묻히고 기어간다네. 장구벌레, 게, 올챙이를 돌아보아도 모두 나처럼 이렇게 할 수 없지. 게다가 이 얕은 물을 독차지해서 마음대로 노는 즐거움이야말로 최고야! 자네도 한 번 들어와서 구경해 보게.'

그러나 자라가 왼발을 미처 다 넣기도 전에 오른발 무릎이 걸려 버린 것이야. 그래서 뒤로 물러나서 개구리에게 동해 이야기를 해주었다네.

'바다가 얼마나 넓은지 '천 리'라는 말로도 설명하기가 어렵고, 바닷물이 얼마나 깊은지 '천 길'의 길이로도 잴 수가 없다네. 우임금 때 10년 동안 아홉 번이나 홍수가 났지만 그 물이 불어나지 않았고, 탕湯 임금 때는 8년 동안에 7년이나 가물었지만 바닷물이 줄지 않았네. 바닷물은 시간이 길거나 짧거나 변함이 없고, 비가 많이 온다거나 적게 온다고 불어나거나 줄어드는 일이 없으니, 이것이야말로 동해의 가장 큰 즐거움일세.'

그러자 얕은 우물 안 개구리가 이 말을 듣고 놀라서 망연자실했다는 것이야.

〈중략〉

4.3 진흙에서 꼬리 흔들며

장자가 복수(濮水: 산동성 水名)에서 낚시질을 하는데, 초나라 왕이 대부 두 사람을 보내 재상으로 삼으려는 뜻을 전했습니다.

대부: 저희 왕께서 선생님에게 나라의 정사를 맡기고자 하십니다.

장자: 〈낚싯대를 쥔 채 돌아보지도 않으며〉

초나라에는 죽은 지 3천 년이나 된 신령스런 거북이 있다는 말을 들었소. 왕께서는 그것을 베로 싸서 대나무 상자에 넣어 묘당廟堂 위에 두었다고 하더군요. 당신이 거북의 입장이라면 죽어서 뼈를 남겨 귀히 여겨지기를 바랄까? 아니면 살아 진흙에서 꼬리를 흔들며 다니고 싶을까[예미도중 曳尾塗中]?

대부: 당연히 살아 진흙에서 꼬리를 흔들며 다니고 싶겠지요.

장자: 그대들 돌아가세요. 나도 진흙에서 꼬리를 흔들며 다니고 싶소.

이 이야기는 우리에게 잘 알려진 '예미도중曳尾塗中'이라는 일화입니다.

4.4 솔개가 썩은 쥐 뺏길까 봐

혜자(惠子 혜시)가 양(梁: 魏를 후에 梁이라 부름)나라 재상으로 있을 때, 장자가 찾아가 만나려 했습니다. 어떤 사람이 혜자에게 "장자가 와서, 당신을 밀어내고 대신 재상이 되려고 하는 것입니다"라고 말했지요. 이에 혜자가 장자를 잡으려고 3일 밤낮 온 나라를 뒤졌습니다.

혜자惠子
혜시 惠施. 장자의 친구. 선진 先秦 시대 육가六家: 유가. 도가. 묵가. 법가. 명가. 음양가 가운데 명가名家의 대표 사상가로 꼽힌다. 명가는 공자의 정명론을 계승한, 논리적 사유와 논쟁술에 정통한 사람들이다. 명가를 묵가墨家에 포함시키기도 한다. 묵가 사상의 특징은 '겸애 兼愛, 교리交利, 평화平和'로 요약할 수 있다.

장자가 이 말을 듣고 혜자를 찾아갔습니다.

장자: 남방에 있는 원추(鵷鶵 봉황 종류)라는 새를 아는가? 이 새는 남해를 출발하여 북해로 날아가는데, 오동나무가 아니면 앉지를 않고, 대나무 열매가 아니면 먹지를 않으며, 단맛 나는 물이 아니면 마시지를 않지.

그런데 마침 썩은 쥐를 얻은 솔개 한 마리가 막 그것을 먹으려고 할 때 원추가 그 위를 날아갔다네. 솔개는 그 썩은 쥐를 뺏길까 봐 원추를

쳐다보며, '까악!'하고 큰 소리를 질렀다네.

지금 그대도 썩은 쥐 같은 시시한 양나라 재상 자리를 가지고 나에게 '까악!'하고 소리 지르려는가?

4.5 물고기의 즐거움

장자와 혜자惠子가 호수(濠水: 안휘성의 水名)의 다리 위에서 노닐며 담론을 벌였습니다.

장자: 물고기 한가로이 노니니, 이것이 물고기의 즐거움이야!

혜자: 그대는 물고기가 아닌데, 어찌 물고기의 즐거움을 아는가?

장자: 자네는 내가 아닌데, 어떻게 내가 물고기의 즐거움을 모른다는

것을 아는가?

혜자: 나는 그대가 아니니까 물론 그대를 모르지. 그렇다면 그대도 물고기가 아니니까 그대가 물고기의 즐거움을 모르는 건 분명한 것이지.

장자: 그러면 처음으로 거슬러 올라가 보세. 자네가 '어찌 물고기의 즐거움을 아는가?'라고 물었으니, 그건 이미 내가 물고기의 즐거움을 알고 있음을 알고서 물은 것이 아닌가? 나는 호수의 다리 위에서 물고기의 즐거움을 알았던 것이야.

05

지락至樂

최고의 즐거움은 무위로써 지금 여기에서 유유자적하는 데 있다. 즐겁다는 느낌이 없는 것이 지락至樂인 것이다.

5.1 세상에 지락至樂이라는 게 있을까

세상에 지락이라는 게 있을까요? 내 몸을 활기차게 살게 하는 길이 있을까. 만일 있다면 지금 무엇을 하고, 무엇에 의거依据해야 할까요? 무엇을 피하고 무엇에 몸을 두어야만 할까요? 무엇을 가까이하고 무엇을 멀리해야 할까요? 무엇을 좋아하고 무엇을 싫어해야 할까요?

세상 사람들이 소중하게 여기는 것은 부유하며, 존귀한 사람이 되는 것이고, 장수를 누리며 명예롭게 사는 것입니다. 그리고 좋아하는 것은 신체 건강하고, 맛있는 음식을 먹으며, 좋은 옷을 입고, 아름다운 색깔을 보고, 좋은 음악을 듣는 것이지요. 싫어하는 것은 가난하고 비천하며, 요절을 면치 못한 채 악명으로 남는 것입니다. 괴로워하는 것은 건강치 못하고, 맛을 모르고, 좋은 옷을 입지 못하고, 아름다운 색깔을 구별하지 못하고, 좋은 음악을 듣지 못하는 것입니다.

만약 이런 것들을 얻지 못하게 되면 우울해 하고 두려워합니다. 그러나 이런 것들은 모두 사람의 외적 만족을 위하는 것일 뿐, 참으로 어리석은 것들이지요.

부자들은 몸을 괴롭히며 힘써 일해서 얻은 많은 재물을 쌓아 놓고서도 그것을 다 쓰지도 못합니다. 이런 것은 자기 몸을 위하는 방법이 아닙니다. 존귀하다는 사람은 밤낮으로 자기 행위가 선한지에 관하여 생각하며 사는데, 이 또한 자기 몸을 위하는 길에서 아주 먼 것이라 하겠습니다.

사람의 삶이란 우수(憂愁 근심걱정)와 함께 동거하며 사는 것이지요. 장수하는 사람은 우수는 사라지지 않는 것이니, 정신이 몽롱한 상태에서 근심걱정과 함께 오래 살아간다는 것입니다. 그러니 이 얼마나 고통스러운 일일까요! 장수는 자기 몸을 위하는 길이 아닙니다.

〈중략〉

나는 무위로써 즐거움을 찾는 것이 지락이라고 생각해요. 그런데 사람들은 오히려 그걸 고통스러운 일로 여기지요. 그래서 '최고의 즐거움

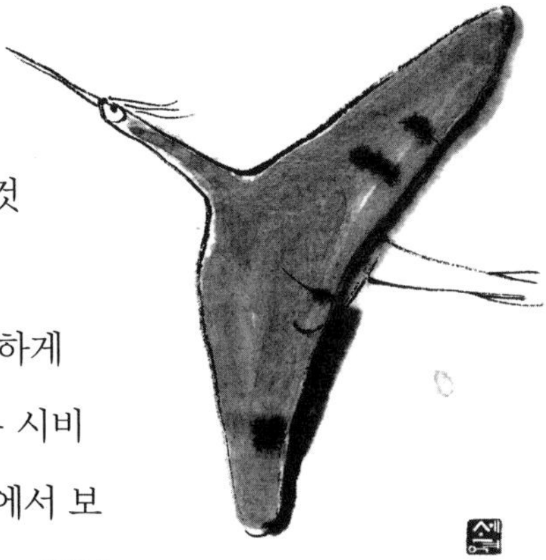

은 즐겁다는 느낌이 없는 것 [지락무락 至樂无樂]이고, 최고의 명예는 겉으로 나타나는 명예가 없는 것 [지예무예 至譽无譽]'이라는 말입니다.

세상에는 시비의 확실함을 분명하게 정할 수 없는 일들이 있습니다. 비록 시비를 가릴 수 없을지라도, 무위의 처지에서 보면 시비를 분명히 정할 수 있습니다. 지락으로써 몸의 활기를 살릴 수 있고, 지락은 오로지 무위로써만이 얻어질 수 있는 것입니다.

〈중략〉

5.2 아내의 죽음

장자의 아내가 죽어 혜자가 문상을 갔는데, 장자는 두 다리를 뻗고 앉아 동이를 두드리며 노래를 부르고 있었습니다.

혜자: 부인과 함께 살면서 아이들을 길렀고, 이제 몸이 늙어 죽었는데, 곡조차 하지 않는 건 그렇다 쳐도, 동이를 두드리며 노래 부르는 건 심하지 않소?

장자: 그렇지 않아. 아내가 막 죽었을 때 내 어찌 슬픈 마음이 들지 않았겠소. 그러나 아내의 생명이 어디서 왔는지를 곰곰이 생각해보니,

아내는 본래 생명이 없었던 것이야. 생명이 없었을 뿐만 아니라 본래 형체도 없었어. 형체가 없었을 뿐만 아니라 본래는 氣도 없었지. 혼돈 상태에서 무언가가 섞이고 변화하여 氣가 생겨나고, 변화하여 형체가 생기고, 형체가 변화하여 생명이 있게 된 것이겠지. 지금 생명이 변화하여 죽음으로 돌아간 것이야.

삶과 죽음이 서로 바뀌는 것은 마치 춘하추동 사계절이 운행하는 것과 같은 일이지. 아내는 지금 천지라는 거대한 방에서 편안하게 잠든 것이야. 그런데 내가 곁에서 시끄럽게 울어댄다고 하면 나 스스로 이런 천명을 깨닫지 못한 것이라는 생각이 들었소. 그래서 곡을 하지 않고, 조용히 노래를 불러준 것이라네.

5.3 촉루髑髏와의 대화

장자가 초나라에 가다가 속이 비고 바싹 말라 형체만 남은 촉루髑髏, 즉 해골을 보았습니다. 장자는 말채찍으로 한번 해골을 갈기며 물었습니다.

장자: 그대는 생生을 탐하고, 사람으로서의 도리를 어겨서 이 꼴이 되었는가? 아니면 나라를 망치는 일을 저지르고, 참형을 받아 이 꼴이 되었는가? 아니면 불선한 짓을 저지르고 부모처자에게 부끄러워 자살하여 이 꼴이 되었는가? 아니면 굶어 죽었는가? 얼어 죽었는가? 아니면 천수를 누리고 늙어서 죽었는가?

이렇게 말을 마치고는 해골을 끌어당겨 베개로 삼아 베고 누워 잠이 들었습니다. 그런데 한밤중에 해골이 꿈에 나타났습니다.

촉루: 당신이 낮에 한 말은 마치 변사辯士가 말하는 것 같았소. 당신이 방금 한 말은 모두 산 사람들의 걱정거리지. 죽어버리면 그런 우환은 모두 없어지고 말아. 당신 한 번 죽은 자의 세상 이야기를 들어보지 않겠나?

장자: 좋소.

촉루: 저세상에는 위에 군주도 없고, 아래에 신하도 없소. 또 사계절이 변화하는 일도 없고, 조용하고 무궁한 천지가 곧 세월이며, 왕들의

즐거움이라 할지라도 여기의 즐거움을 넘어설 수 없소.

장자: 〈믿을 수가 없어 하며〉 내가 생명을 관장하는 신명神明께 청하여 그대의 생명과 형태, 뼈와 근육 등 모든 것을 원래대로 회복시켜주어 그대의 고향으로 돌아가 부모, 처자, 친척, 친구 등과 함께 살게 해 준다고 하면, 그대는 바라겠소?

촉루: 〈심히 달가워하지 않으며〉 내 어찌 왕들의 즐거움보다 더한 즐거움을 버리고, 다시 인간들의 생고生苦를 겪으란 말이오!

5.4 해조海鳥의 죽음

〈상략〉

공자가 자공子貢에게 일렀다.

공자: 자네는 들어보지 못했느냐? 옛날에 해조海鳥 한 마리가 노나라 교외에 날아와 앉아 있는데, 노나라 임금이 상서로운 일이라 하여 묘당에 맞이하여 술을 올리고, '구소九韶'라는 곡을 연주해주며, 맛있는 음식을 갖추어 올렸다네. 그런데 해조는 오히려 어리둥절해 하며 슬퍼할 뿐, 아무것도 먹지 않고 술 한 모금도 마시지 않다가 사흘 만에 죽어버렸어.

이는 자기 방식대로만 해조를 공양한 것이야. 만일 해조가 살 수 있는 방식으로 공양하려고 했다면 마땅히 숲에 놓아주어, 그가 강호에서 노닐다가 물에 들어가 떠다니기도 하고, 작은 물고기나 미꾸라지를 잡아먹고, 같은 무리와 어울려 자유자재로 지낼 수 있게 해줘야 했지. 해조는 사람들의 소리를 싫어하는데, 하필 음악까지 들려주면서 요란스럽게 대접하는 게 무슨 소용이 있었겠는가….

06

달생達生

'달생達生'이란 아무런 속박을 받지 않고 허심虛心에서 노니는 삶, 즉 통달한 삶을 뜻한다. 공기나 물의 존재를 잊고 산다는 것은 공기나 물이 쾌적하기 때문이듯, 어떤 존재를 잊고 산다는 것이 달생이다.

6.1 온전한 자유

관윤(關尹: 函谷關의 尹喜)이 열자에게 말했습니다.

관윤: 〈상략〉 술에 취한 사람은 수레에서 떨어져도 다칠 수는 있으나 죽지는 않아요. 그의 골절이 다른 사람들과 같은데, 왜 다침은 다른 사람들과 다를까? 이는 신전神全, 즉 정신이 온전한 자유의 상태에 있기 때문이지요.

다시 말하면, 수레에 타고 있는 줄도 모르고, 떨어지고 있는 줄도 모르고, 생사에 관한 두려움도 그의 마음속에 들어가지 못하지요. 정신이 아무 데도 얽매어있지 않고, 정신을 속박하는 어느 것도 없는 무의식의 세계, 곧 그의 마음이 온전한 자연의 상태에 있기에 죽지 않는다는 말이오.

그 사람은 술에서 온전한 자유를 얻었는데, 하물며 하늘[자연]에서 온전한 자유를 얻은 성인이라면 얼마나 지극할까! 성인은 대자연과 융합되어 한 몸을 이룬 온전한 자유인이니, 어떤 외물도 그를 다치게 할 수 없지요.

〈생략〉

대자연, 즉 道와 한 몸을 이룬 상태가 절대 자유의 경지입니다.

6.2 허심虛心

공자가 안회顔回에게 허심에 관해서 말했습니다.

공자: 〈상략〉 기왓장과 같은 값싼 물건을 걸고 활쏘기 시합을 하면 잘 맞히고, 좀 값이 나가는 혁대 고리를 놓고 활을 쏘면 안 맞을까 두려움이 생기고, 값비싼 황금을 걸고 쏘면 마음에 혼란이 일어나 잘 맞히지 못하지.

활을 쏘는 기교는 다 같을 텐데, 잘 맞히고 못 맞히는 까닭은 마음속에 무언가가 들어오기 때문이야. 그것은 외물로부터 생기는 것이지. 마음속에 들어와 있는 것이 무거우면 무거울수록 마음도 무거워지고, 마음의 자유가 속박을 받게 되어 우둔해지는 것이야. 따라서 활을 잘 쏘려면, 마음을 비우는 허심의 노력을 해야 한다는 말이라네

6.3 투계鬪鷄

기성자紀渻子라는 사람이 주周나라 선왕宣王을 위해 투계(鬪鷄 싸움닭)를 길렀습니다.

열흘이 지나자 왕이 물었습니다.

왕: 닭이 싸울 준비가 되었는가?

기성자: 아직 멀었습니다. 허세를 부리고 교만하며 자신의 힘을 과신합니다.

다시 열흘이 지나 왕이 또 닭이 어쩐지 물었습니다.

기성자: 아직도 안되었습니다. 소리를 듣거나 물체의 그림자만 보아

도 바로 반응을 합니다.

또다시 열흘이 지나서 왕이 물었습니다.

기성자: 아직 덜 되었습니다. 상대를 노려보고, 기가 왕성합니다.

또 열흘이 지나서 왕이 물었습니다.

기성자: 거의 되었습니다. 다른 닭이 소리를 내도 동요하지 않고, 멀리서 보면 마치 나무로 깎아 만든 목계木鷄로 보이니, 이제 德을 온전히 갖춘 것입니다. 다른 닭이 감히 싸우려고 대들지도 못하고, 우리 투계를 보자마자 달아나버립니다.

6.4 신기神技의 목공

재경梓慶이라는 목공이 나무를 깎아 거鐻라는 악기를 만드는데, 이를 본 사람들은 귀신같은 솜씨[신기神技]에 놀랍니다.

노나라 임금이 이를 보고 그에게 물었습니다.

임금: 자네는 무슨 절묘한 기술이 있어 이렇게 기묘한 악기를 만드는가?

재경: 신은 그저 목공일 뿐입니다. 무슨 절묘한 기술이 있겠습니까. 그러나 한 가지 말씀드릴 게 있지요. 신은 이 악기를 만들면서 저의 氣를 함부로 소모하지 않고, 반드시 재계齋戒하여 마음을 정숙하게 합니다.

3일을 재계하고 나면 무슨 상이나 녹을 타려는 욕심이 사라지고,

5일을 재계하면 비난이나 칭찬이나 잘 만들고 못 만들고 하는 마음이 없어지고,

7일을 재계하면 저의 팔다리나 몸이 있다는 것조차 완전히 잊어버리게 됩니다.

이때가 되면 마음속에 임금님을 알현한다는 생각이나 주의를 산만하게 하는 외적 요인이 완전히 사라져, 오로지 작업에만 전념할 수 있게 됩니다. 그런 다음에 산에 들어가 나무의 성질과 모양을 살펴보아 악기로 쓸 최상의 나무를 찾아냅니다. 그리고 그 자리에서 장차 만들 악기를 제 눈앞에 그려 보아 악기가 완성되면 비로소 나무에 손을 대고, 그렇지 않으면 그만둡니다. 이렇게 저의 본성과 나무의 본성이 맞아떨어져야지[이천합천以天合天], 명품 악기가 탄생됩니다. 신기神技라는 게 이런 것입니다.

6.5 잊고 산다는 것은

공수工倕라는 명장이 손으로 원을 그려내는데 놀랍게도 기구를 사용하는 것보다도 더 정밀하게 그립니다. 그의 손가락은 그리려고 하는 대상과 완전히 한몸이 되어 있기 때문에 무엇을 그리겠다고 마음을 쓸 필요가 없는 것이지요.

발의 존재를 잊고 산다는 것은[忘足], 신발이 잘 맞아 쾌적하기 때문

이고,

허리의 존재를 잊고 산다는 것은[忘要], 허리띠가 잘 맞아 쾌적하기 때문이고,

시비의 존재를 잊고 산다는 것은[忘是非], 마음이 쾌적하기 때문입니다.

공기나 물의 존재를 잊고 산다는 것은 공기나 물이 쾌적하기 때문이다. 그러나 나쁜 공기를 호흡하거나 나쁜 물을 마시는 사람은 그 존재를 잊을 수가 없다. 부부 사이에서도 서로의 존재를 잊지 못하고 살아간다면 부부생활이 힘들것이다.

07

산목山木

산에서 천수를 누리며 사는 나무를 산목山木이라 한다. 어떤 나무는 인간에게 쓸모가 없기에 천수를 누리고, 어떤 나무는 쓸모가 없기에 일찍 잘려나간다. 난세에 살아남는 방법이 쉽지 않음을 이야기하고 있다.

7.1 울지 않는 거위

장자가 산속을 가다가 큰 나무, 즉 산목을 보았습니다. 가지와 잎이 무성한 큰 나무인데 벌목하는 사람이 옆에 있으면서도 베지를 않았습니다.

그러자 장자가 나무꾼에게 그 까닭을 물었습니다.

나무꾼: 아무짝에도 쓸모가 없기 때문이지요.

장자: 이 나무는 재목감이 아니어서 천수를 누리는구나!

장자가 산에서 내려와 옛 친구 집에 머물렀습니다. 그 친구가 반가워하며, 머슴아이에게 거위 요리를 해오라고 말했습니다.

머슴아이: 한 마리는 잘 울고, 다른 한 마리는 울지 않는데, 어느 것을 잡을까요?

주인: 울지 않는 거위를 잡아라.

다음날 제자들이 장자에게 물었습니다.

제자들: 어제 산목은 쓸모가 없어 천수를 다하고, 지금 여기 주인집 거위는 쓸모가 없어 죽임을 당했습니다. 선생님은 쓸모가 없는 게 좋다고 생각하십니까? 아니면 쓸모가 있는 게 좋다고 생각하십니까?

장자: 〈상략〉

난세에 살아남기란 쉽질 않아.

만나면 헤어지고[합즉리 合則離],

쌓으면 무너지고 강성하면 쇠약해지고[성즉훼 成則毁],

곧으면 부러지고[염즉좌 廉則挫],

지위가 높으면 책잡히고[존즉의 尊則議],

무언가 하려면 방해 받고[유위즉휴 有爲則虧],

어리숙하면 속아 넘어가지[불초즉기 不肖則欺].

그러니 어찌 살아가야 할까? 쓸모 있고 없고를 떠나, 오직 도덕이 통하는 자유로운 경지를 찾아가야 한다네.

7.2 빈 배

〈노나라 임금은 백성을 지배하여 나라를 바르게 통치하려는 욕망을 지니고 무척 노력했지만, 우환이 겹치고 일이 뜻대로 이뤄지지 않아 근심에 쌓였다. 이를 본 시남자市南子라는 사람이 임금에게 모든 욕망을 버리고 빈 마음으로 세상을 살아가라고 말하는 아름다운 이야기다. '빈 배'를 '허주虛舟'란 말로 알려졌는데, 원문에는 '허선虛船'이라 했다.〉

시남자: 배로 강을 건너려는데, 빈 배가 떠내려와 내 배를 받았다면 아무리 성질 급한 사람일지라도 화를 내지 않지요. 그러나 받은 배에 사람이 타고 있다면 배를 돌리라고 소리치겠지요. 한 번 소리쳐 알아듣지 못하면 다시 소리치고, 그래도 듣지 못하면 또 다시 소리치고, 그땐 반드시 욕설이 따르겠죠.

처음에는 화를 내지 않다가 나중에 화를 내는 것은 처음엔 비어있었고, 나중엔 차있기 때문이지요. 사람이 빈 마음으로 세상 살아간다면 어느 누가 해치려 할까요?

〈생략〉

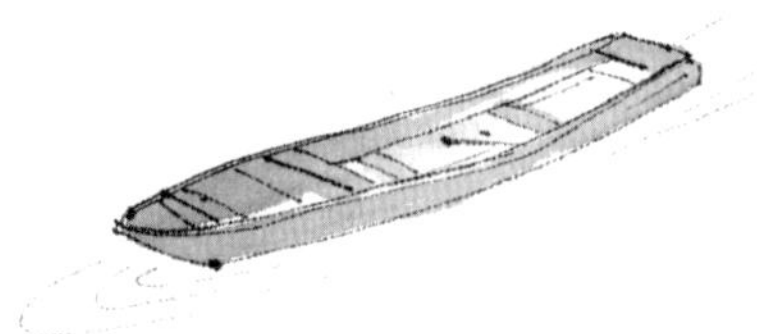

08

지북유知北遊

남방에 사는 '지知'라는 신인神人이 道와 德이 무엇인지를 알려고 사방으로 현자를 찾아다닌다. 먼저 북방으로 올라가 현자를 만나 물어보고, 서방의 현자를 찾아가 물어보고, 중앙의 제궁帝宮으로 들어가 황제黃帝에게 물어보고 다닌다는 이야기다. 고대인은 남쪽은 빛과 지혜를 상징한다고 생각했다. 그리고 장자가 신명神明, 음양사시陰陽四時, 道와 德의 개념을 설명해나간다. 道는 만물로 하여금 고유의 품격과 모습을 갖춰 생겨나게 하는 근본이고, 德은 그렇게 생겨난 만물을 감싸주고 양육하는 품격이다.《도덕경》 51장 '道生之德畜之' 덕은 언제나 도를 따라다닌다. 도를 떠나서는 존재할 수 없다는 말이다.《도덕경》 21장 덕은 도의 작용에 의하여 만물에게 구체적으로 나타난 품성을 가리키는 말이다.

8.1 천지신명天地神明 〈참조: 초간본《노자》 제 35장 '태일생수'〉

……

천지는 '대미이불언大美而不言', 즉 대미大美를 지니고도 말하지 않지요. 사계절은 분명한 법칙에 따라 운행되지만 말하지 않고, 만물은 생성과 소멸의 이치가 있으나 말하지 않습니다. 성인은 천지의 대미를 추구하여 만물 생멸의 이치를 깨달았지요. 그래서 성인은 무위할 뿐, 작위적인 일을 벌이지 않는데, 이를 '관우천지觀于天地'라 말합니다.

대미大美
위대한 아름다움. 4계절의 운행과 만물의 생멸生滅에 관한 오묘한 질서

관우천지觀于天地
지혜로써 천지의 대미大美를 관찰함

신명神明의 지극한 정기를 받아서 수많은 생명의 꽃들이 다양하게 피어나고 만물이 생겨나고 죽게 되는데, 누구도 이러한 변화의 근원을 알지 못해요. 널리 펴져있는 만물은 태고 때로부터 이렇게 존재해온 것이고, 천지 사방의 공간이 거대해서 어느 것도 이 공간을 벗어나질 못해요.

가을철 털갈이로 가늘어진 짐승 털이라 할지라도 천지의 氣에 의지하여 형체가 생성되는 것이고, 천하 만물 중에서 생겨나고 사라지지 않는 것은 없으며, 옛날 모습 그대로 영원히 지켜지는 것이 없지요[불수고상不守故常].

음양 사계절의 운행은 그들 스스로의 질서에 의하는 것이고, 신령[道]은 어두워 불분명하나[회암불명晦暗不明] 실존하는 것이고, 아무런 흔적이 없지만 그 안에는 신령이 들어있으며, 만물은 신령에 의지하여 德을 양육하지만 스스로 알지 못합니다. 이것이 근본이라는 것이고, 관우천지

를 통하여 이를 인식할 수 있는 것입니다.

8.2 위대한 귀향 대귀大歸

……

공자가 노담을 찾아갔습니다.

공자: 〈인사를 건네며〉오늘 편안하고 한가로운 날입니다. 무엇이 道인지에 관해서 말씀해 주셨으면 합니다.

노담: 먼저 재계하여 자네의 심령과 소통하고, 자네의 정신을 맑게 하고, 자네의 번잡한 지식을 씻어내야 하느니라. 道라는 것은 심오해서 말로 설명하기란 매우 어려운 것이야! 그렇지만 자네를 위하여 대충 줄거리를 말해주지.

밝은 것은 어둠 속에서 나타나는 것이고, 유형은 무형으로부터 생기는 것이고, 정신은 道에 근원을 두고서 생기는 것이고, 형체는 음양의 정기에 의하여 생겨나는 것으로, 만물은 모두 상호 연관되어 각각의 형체가 생겨나는 것이니라.

그러므로 구멍이 아홉 개인 동물은 태생胎生이고, 구멍이 여덟 개인 동물은 난생卵生이라 하듯, 형체가 다른 것에는 다 그럴만한 까닭이 있는 것이야.

……

道는 찾아오는 때에 아무런 흔적이 없고, 돌아가는 때에도 아무런 단서가 없고, 오고 나갈 문이 없고, 일정한 거처가 없고, 사방으로 통하고, 원대함이 끝이 없느니라. 道에 순응하면 사지가 강건해지고, 사려가 통달해지고, 눈과 귀가 총명해지고, 아무리 마음을 써도 피곤하지 않으며, 사물의 변화에 응할 때도 어떤 장애도 없느니라. 하늘도 이것을 얻지 못하면 높을 수가 없고, 땅도 이것을 얻지 못하면 넓을 수가 없고, 만물이 이것을 얻지 못하면 창성할 수가 없으니, 이것이 바로 道라는 것이야!

학문이 아무리 넓고 깊은 사람도 반드시 모든 걸 다 안다고 할 수는 없고, 변론을 아무리 잘한다는 사람도 반드시 지혜롭다고 할 수는 없고, 그래서 성인은 일찍이 이런 학문이나 변론을 버려버린 것이야! 아무리 늘어나도 늘어남을 볼 수 없고, 아무리 줄어들어도 줄어듦을 볼 수 없는 이 道를 성인은 소중히 지킨다네.

道는 깊고도 너른 바다 같고, 높이 솟아오른 산 같고, 끝난 듯하면 다시 시작하게 하고, 만물을 활동하게 하지만, 영원히 줄어들지 않게 하느니라. 이에 비하면 군자의 道란 모두 외재적인 것일 뿐이지. 만물이 모두 그것에 의지하여 자생資生하지만, 조금도 줄어들지 않는 것, 그것이 바로 道라는 것이야!

……

중원에 있는 한 사람은 음기만도 아니고 양기만도 아닌, 음기와 양기

두 기가 융합해서 이뤄졌지. 천지 사이에 거처하는데, 잠시 사람의 형체를 지니고 있을 뿐, 곧 그는 태어나던 때의 근원으로 되돌아갈 것이야. 그 근원에서 본다면 생명이란 단지 두 氣가 응집해서 형성된 숨 쉬는 물체에 불과한 것이지. 그가 장수하든 요절하든 그 차이가 얼마나 되겠소! 순간일 뿐이야. 요堯는 옳고 걸桀은 옳지 않다는 시비의 분별이 무슨 의미가 있겠소! 나무 열매이든 풀씨이든 나름대로 생존의 이치가 있는 것이야. 인간들의 삶이란 것도 비록 복잡은 하지만, 그런 것들과 별 차이가 없는 것이지.

성인은 복잡한 인간들 속에서도 순리를 어기지 않고, 지난 일에 얽매이지 않고, 조화를 이루며 살아가는데, 이것이 德이라 하는 것이고, 자연의 흐름에 따라 만물의 변화 질서에 순응해 나가는 것이 道라는 것이지. 성인의 길을 걸어야 제업帝業이 흥해지고, 왕업王業이 일어나는 것이야.

……

인생이란 천지의 사이에서 마치 햇빛의 틈 사이를 순간 스쳐 지나가듯, 홀연히 생멸하는 것일 뿐이야. 만물들이 활기차게 성장하지 않는 것은 없고, 노쇠해져 사라지지 않는 것도 없으며, 변화하여 생명이 생겨나는 것이고 또한 변화하여 죽는 것인데, 생물은 슬프게 보이고, 인간들도 비통하다고 여기는 것이지.

죽음이라고 하는 것은 마치 활이 활집에서 나오듯, 마치 칼이 칼집을 벗어나듯, 혼은 머무르던 몸에서 빠져나와 자유롭게 하늘로 날아가는 것이고, 백魄도 빠져나와 땅으로 돌아가고 신체는 썩어 존재하지 않게 되는 것이고, 그렇게 혼백이 외물의 속박에서 벗어나 자연으로 돌아가는 것이고, 이거야말로 위대한 귀향이니. 일컬어 '대귀大歸'라 하느니라.

무형으로부터 유형이 나오고, 유형으로부터 무형이 생겨나온다는 것은 사람들이 널리 알고 있는 일이야. 이러한 문제는 득도한 지인至人: 성인이 추구해야 할 일이 아니라, 보통 사람들이 함께 논의해볼 만한 일이지. 득도한 사람은 오히려 논의하지 않으려고 하고, 논의하려는 사람은 득도하지 못한 사람들이며, 명백하게 추구하려 해도 답을 얻을 수 없으니 침묵이 최선의 변론인 것이야. 道는 들을 수 없는 것이니, 귀를 막아버리고 가슴으로 듣는 것이 나은데, 이를 '대득大得'이라 하느니라. 대득이 최고의 득도 방법인 것이야.

〈중략〉

8.3 도道는 어디에 있습니까?

동곽자東郭子가 묻고 장자가 답합니다.

동곽자: 道라는 게 어디에 있습니까?

장자: 없는 데가 없지요.

동곽자: 구체적으로 있는 곳을 말씀해주십시오.

장자: 땅강아지나 개미에게도 있어요.

동곽자: 어찌 그리 비천한 것에 있습니까?

장자: 좁쌀이나 피에도 있어요.

동곽자: 어째서 더 비천한 것에 있습니까?

장자: 기와나 벽돌에도 있어요.

동곽자: 어떻게 그리 더더욱 비천한 것에 있습니까?

장자: 똥이나 오줌에도 있지요.

〈생략〉

8.4 가는 건 잡질 말고, 오는 건 맞이하질 말라

안연顔淵이 공자에게 물었습니다.

안연: 저는 언젠가 선생님으로부터 '가는 것은 미련 없이 보내고, 오는 것은 기대하지 말고 맞이하라[무유소장无有所將, 무유소영无有所迎]'는 말씀을 들었습니다. 왜 그렇게 하는지 말씀해주십시오.

공자: 옛사람은 외적으로는 생존을 위하여 사물의 변화에 따라 순응하면서도 마음[가치관]은 아무런 동요가 없었지만[외유이내불화外化而內不化]. 지금 사람들은 마음이 줏대 없이 변하면서도 외부 사물의 변화에 순응하지 못해[내화이외불화內化而外不化]. 외부 사물과 함께 변화하여 일체가 되어도 항상 마음이 꿋꿋하게 지켜지고 변하지 않으면 편안해지는 것이야.

〈중략〉

숲이여! 들이여! 모두가 내 심령을 기쁘게 해주고, 또 즐겁게 해주는구나! 즐거움이 채 끝나기도 전에, 슬픔은 이어오는 법.

즐거움도 슬픔도 오는 걸 막을 수 없고, 그들이 떠나는 걸 잡을 수도 없는 것이야.

……

슬프구나!

사람의 마음이란 게 그저 즐거움이나 슬픔이 오다가다 들리는 여인숙일 뿐!

자기가 겪어본 것은 알고, 겪어보지 못한 것은 알 수 없는 것이고,

자기가 할 수 있는 것은 할 수 있고, 할 수 없는 것은 할 수 없는 것이고,

알 수 없는 것과 할 수 없는 것은 사람으로서 어찌할 수 없는 것이야.

그런데 사람들이 어찌할 수 없는 일을 어떻게 해보려고 애쓰는 건 참으로 슬픈 일이 아니겠는가!

……

가장 훌륭한 말은 무언无言이고, 가장 훌륭한 행위는 무위无爲인 것이야. 자기가 아는 것을 가지고 모든 걸 알려고 하는 것은 그야말로 천박한 생각이라네.

부록

잡편

11개장 중 5개장을 골라 요약하였다.

'천하天下'는 선진先秦시대 각 학파의 특징을 정리한 것이다.

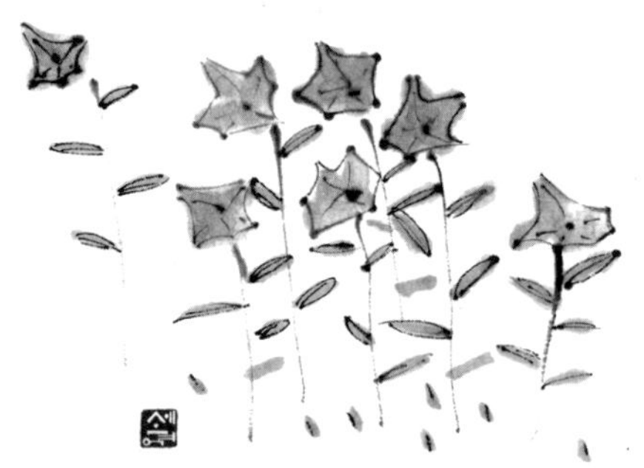

01

칙양則陽

1. 와각지쟁蝸角之爭

대진인戴晉人이라는 사람이 위나라 왕에게 말했습니다.

대진인: 임금께선 달팽이[蝸]를 아시겠지요?

왕: 알지

대진인: 달팽이의 왼쪽 뿔 위에 촉씨觸氏라는 나라가 있고, 다른 오른쪽 뿔 위에는 만씨蠻氏라는 나라가 있었습니다. 어느 날 이 두 나라 사이에 땅을 놓고 전쟁이 일어났는데, 죽은 자가 수만 명이 되었고, 달아나는 적병을 15일이나 쫓아가다가 돌아왔다고 합니다.

왕: 그건 허무맹랑한 소리요.

대진인: 제가 임금님께 그게 허무맹랑하지 않다는 걸 말씀드리겠습니다. 임금님은 사방四方과 상하上下에 끝이 있다고 보십니까?

왕: 그거야 끝이 없지.

대진인: 그런데 임금님께서는 마음을 무궁의 세계에 두질 않고, 가까운 나라에만 관심을 쏟고 있으십니다. 그런 나라야 있어도 그만이고 없어도 그만인 것이지요?

왕: 그러네.

대진인: 가까운 나라 가운데 위나라가 있고, 위나라 안에 그보다 작은 서울 대량大梁이 있고, 그 안에 왕이 있습니다. 왕과 만씨 나라가 구별이 됩니까?

왕: 구별이 안되는군.

대진인이 나간 후, 위왕은 넋이 나간 듯 망연자실했답니다.

〈생략〉

위나라 혜왕惠王과 제나라 위왕威王이 맹약을 맺었는데, 제나라 왕이 이를 배반했다. 혜왕이 격분하여 자객을 보내 제나라 왕을 죽이려 하자, 한 신

하는 떳떳한 일이 아니라면서 차라리 정식으로 제나라를 치라고 청하고, 다른 신하는 그 말에 반대했다. 그러자 혜왕이 대진인을 만나 자문을 구하는데, 윗글은 대진인과 혜왕의 대화이다.

한반도의 면적은 중국이나 미국 또는 러시아에 비하면 참으로 작은 땅이다. 그 땅도 반으로 쪼개져 한쪽은 남한이 다른 쪽은 북한이 차지하고 있다. 인공위성에서 내려다보면 마치 달팽이 한 몸에 달린 양쪽 뿔 정도의 거리에 불과해서, 남한과 북한을 구별하기란 쉽지 않을 것이다. 그런데도 서로 비방하며 싸워온 지가 60년이 지났다. 한쪽 뿔끝에서 다른 쪽 뿔끝을 보며 서로 욕하고 총을 쏘면 총알은 달팽이 몸, 즉 자기 몸을 맞히는 게 된다.

이처럼 천지의 너른 세계에는 관심을 두지 않고, 달팽이의 양쪽 뿔 사이의 거리를 두고 유치하게 싸우기만 하는 것을 '와각지쟁蝸角之爭'이라 한다. 언제까지 이런 유치한 와각지쟁을 벌일 것인가?

02

외물外物

'외물'이란 내 자신의 밖에 있는 것이라는 뜻이다. 득도의 길은 외물에 있는 것이 아니라, 내 자신 속에서 찾아야 한다는 말이다.

2.1. 마음속에 불이 나면

나무와 나무가 서로 마찰하면 불이 일어나고, 쇠와 불이 서로 오래 지내면 쇠가 녹아 흐릅니다. 음기와 양기가 균형을 잃고 서로 충돌하면 천지에 큰 이변이 일어나는데, 천둥 번개가 치고 빗물 속에서도 불이 나서 나무를 태워버립니다.

사람도 외물의 이해利害욕망에 끌려 심하게 근심에 쌓이면, 마음이 동요되고 갈등에 빠져 헤어날 곳이 없어지고, 두려워서 아무것도 이루지 못하고, 마음은 마치 공중에 매달린 것처럼 둥 떠버립니다.

번민과 혼란에 빠지고, 이해가 서로 충돌하여 마음속에 불이 붙어 화기和氣조화의 기운를 태워버립니다. 그래서 달처럼 청정한 마음이 불을 견뎌내지 못해 무너지고, 道는 사라집니다.

2.2 수레바퀴 자국 속의 붕어 철부지급 轍鮒之急

장주장자는 집이 가난하였습니다. 그래서 감하후監河侯라는 물을 관리하는 관리에게 쌀을 꾸러 갔습니다.

감하후: 좋소. 내가 시읍市邑에서 거둬들일 세금이 있는데, 그걸 모두 거둬들이면 바로 거기에서 선생에게 삼백 금三百金을 한꺼번에 빌려주겠소. 괜찮은가?

장주: 〈화가 치밀어 얼굴빛이 변하며〉

제가 어제 여기에 올 때 길에서 부르는 소리가 있어 돌아보니, 수레바퀴 자국 속에 있는 한 마리 붕어였습니다. 제가 붕어에게 "붕어야, 여기서 무얼 하니?"라고 물었지요. 그랬더니 붕어가 "저는 동해에 사는 관리입니다. 약간의 물로 저를 살려주실 수 없겠습니까?"라고 말했습니다. 그래서 제가 "좋아, 내가 오나라와 월나라 군주를 만나려고 남쪽

으로 내려가는 중이오. 내가 군주들을 만나, 서강西江의 물을 끌어와서 너를 살려주도록 부탁하마. 어떤가?"라고 했더니, 붕어가 화를 내며 말했습니다. "저는 지금 살아남는데 필요한 물을 잃어 몸 둘 곳이 없습니다. 당장 한두 되의 물만 있으면 살 수 있는데, 그렇게 먼 훗날 말씀을 하시니 차라리 그때는 건어물 가게에서 저를 찾으시는 게 좋겠군요.

먹을 것이 없어 당장 굶어 죽을 지경인 가난한 자와 이런 처지를 이해하지 못하는 부자를 비유한 우화입니다. 이를 '철부지급轍鮒之急'이라 합니다.

철부지급轍鮒之急
철부轍鮒는 수레바퀴 자국 속의 붕어라는 뜻. 우선 그 자국만큼의 물만 있어도 살 수 있는 처지라는 말로 다급한 위기, 곤궁한 처지를 비유

2.3 물고기를 잡고 나면 통발을 버려야

전筌은 물고기를 잡는 통발인데,
물고기를 잡고 나면 통발을 버려야 하고[득어망전 得魚忘筌],
제蹄는 토끼를 잡는 올무인데,
토끼를 잡고 나면 올무를 버려야 하고[득토망제 得兎忘蹄];
말은 뜻을 전하는 것인데,
뜻을 얻고 나면 말을 잊어버려야 하지요[득의망언 得意忘言].

나는 허구에 찬 말을 잊어버린 사람을 만나 함께 이야기를 나누고 싶구나!

03

도척盜跖

'척跖'은 춘추시대에 수천 명의 도적들을 거느린 수령 이름이다. 온 나라를 휩쓸 정도로 규모가 큰 대도大盜를 도척盜跖이라고도 부른다. 이 장에서는 공자를 도척에 비유하여 비판한다. 유가들은 체면이나 명성 때문에 충신이나 인의를 주창하며, 이를 선행이라고 말한다는 것이다. 장자는 외부의 형식에 의존하지 말고 자연과 함께 자신을 사랑하며 살라고 강조한다. 소동파는 이 글을 후대에 쓴 위작僞作으로 보았다.

3.1 공자와 유하계

공자는 유하계柳下季의 친구였고, 유하계 동생의 이름이 도척盜跖입니다. 도척은 졸개들을 무려 9천 명이나 거느리고 천하를 누볐지요. 제후의 나라를 침입하여 횡포를 부렸는데, 집 벽에 구멍을 뚫고 문을 부수고 남의 소와 말을 몰아가고 부녀자들을 붙들어갔습니다. 이익만을 위해 친척들에게 피해를 주고, 부모형제마저도 돌보지 않았으며, 심지어 조상의 제사도 지내지 않았습니다. 그들이 지나가는 곳에선 큰 나라는 성城의 수비를 강화하였고, 작은 나라는 피난처로 들어가 숨었는데, 백성들의 고통이 심했습니다.

그래서 공자가 유하계에게 말했습니다.

공자: 무릇 아비가 된 자라면 자식을 잘 타일러야 하고, 형이라면 반드시 아우를 잘 인도해야 하는 법이야. 아비가 자식을 가르치지 못하고, 형이 아우를 인도하지 못한다면 부자형제의 친애親愛가 없는 것이겠지. 지금 자네는 이 나라의 저명한 인사인데, 아우는 도적의 수령이야. 그가 나라에 해를 끼치고 있음에도 자네는 아우를 바른길로 인도하지 않고 있네. 나는 자네의 친구로서 부끄러운 생각이 드네. 내가 자네를 대신하여 아우를 설득해보면 어떨까?

유하계: 그대는 '아비 된 자는 자식을 잘 가르쳐 타일러야 하고, 형이 된 자는 아우를 잘 인도해야 한다'고 했는데, 만일 자식이 아비의 말을 듣지 않고, 아우가 형의 말에 따르지 않는다면, 그대의 훌륭한 말도 아무런 쓸모가 없지 않을까? 게다가 척의 성품은 용솟음치는 샘물처럼 강하고, 의지가 회오리바람처럼 사납다네. 그의 강함은 누구도 막을 수가 없고, 말재간이 뛰어나서 자신이 하는 일이 옳다고 꾸며댈 재주가 있다네. 자신의 마음에 들면 좋아하고, 기분에 거슬리면 불같이 성질을

내지. 지독한 욕설로 남을 모욕하는 걸 가볍게 생각하고, 그런 행실이 위험하니 가지 말게나.

3.2 공자가 호랑이 수염을 뽑으려다가 미생지신尾生之信

공자는 유하계의 만류를 뿌리치고 안회와 자공을 데리고 도척을 만나러 갔습니다. 도척이 공자가 온다는 말을 듣고 화를 내면서 부하 졸개에게 말했습니다.

도척: 그가 저 노나라의 간교한 위선자 공구孔丘라는 놈이냐. 그 놈에게 내 말을 전해라.

"공구 네놈은 교묘하게 말을 만들어 내고, 글을 조작해내어 문文이니 무武니 망발을 하고, 나뭇가지와 같은 허세의 관을 쓰고, 죽은 소가죽으로 만든 혁대를 두르고, 겉만 번지르르하게 말만 늘어놓는 놈! 농사를 짓지 않으면서 밥을 먹고, 베를 짜지 않으면서 옷을 입고, 함부로 주둥이를 놀리면서 멋대로 시비를 논하여 천하의 주인들을 미혹하고, 천하의 지식인들이 자연의 근본으로 돌아가지 못하게 만들고, 효제孝弟니 하는 망언을 만들어 내어, 제후나 부귀를 누릴 수 있다고 요행심을 부추기는 놈!" 이라 하고, 그러니 돌아가라고!

공자가 이 말을 전해 듣고도 돌아가지 않고 만나 줄 것을 간청했습니다.

공자: 저는 장군의 형님이신 유하계와 친구입니다. 제발 막하幕下에

서 장군님의 신발이라도 바라볼 수 있게 하여주십시오.

이렇게 하여 겨우 도척을 만날 수 있었지요. 공자는 허리를 구부리고 들어가 재배를 하고 엎드려 말했습니다.

공자: … 무릇 천하의 인재는 세 가지 덕목을 갖추었다고 합니다.

첫째는 신체가 건장하고 용모가 뛰어나며,

둘째는 지혜가 탁월하고 도리를 분별할 능력이 있으며,

셋째는 용감하고 병졸을 거느릴 수 있는 통솔력을 지닌 사람입니다.

장군께서는 이 세 가지 덕목을 다 갖추고 계십니다. 그럼에도 불구하고 도적으로 불리고 계시니 참으로 애석한 일입니다. 장군께서 신의 의견을 받아준다면 제가 각 나라의 제후들을 만나 설득해서 장군을 위해 큰 성을 마련하고, 그곳의 제후가 되게 하여 정사를 펼칠 수 있도록 주선하겠습니다.

도척은 공자의 말에 크게 노하였습니다.

도척: 구丘! 가까이 오라. 사람을 이권을 가지고 유인하는 것은 어리석은 상민常民들에게나 하는 짓이야. 면전에서 듣기 좋은 말을 하는 자는 돌아서면 헐뜯기를 잘하는 놈이 아닌가. 그리고 부귀영화를 미끼로 나를 유인하려고 하다니! 너야말로 유식한 체하면서 위선僞善을 부리니 도적 중에서도 가장 큰 도적이 아닌가. 그런데도 세상은 너를 도구盜丘라 부르지 않고, 나를 도척盜跖이라 부른단 말인가?

너는 성인이라고 하면서, 어째서 두 번이나 노나라에서 쫓겨났고, 위나라에서 치욕을 당했으며, 제齊·진陳·채蔡 나라에서도 받아주지 않아 천하에 몸 둘 곳이 없게 되었단 말인가?

……

세상에서 현명한 선비라고 하는 사람을 보자.

백이伯夷와 숙제叔齊는 고죽국孤竹國의 임금 자리를 사양하고 수양산首陽山에 들어가 굶어 죽었고,

개자추介子推는 문공文公이 망명생활을 하면서 굶고 있을 때 자기의 넓적다리 살을 베어서 먹게 해줄 정도로 충성심이 지극했는데, 문공이 진晉나라의 임금이 된 뒤에 자기를 알아주지 않는다고 산에 들어가 있다가 불에 타 죽었으며,

미생尾生은 애인과 다리 밑에서 만나기로 약속했으나, 애인은 나타나지 않고, 갑자기 쏟아진 폭우로 개울물이 불어도 약속 장소를 떠나지 않고 기다리다가 다리 기둥을 끌어안은 채 죽고 말았다.

……

이들은 '충신'이니 '인'이니 '신의'니 하는 명성을 좇다가 어리석게 죽은 것이 아닌가. 나 도척은 부귀영화가 허망한 것이라는 것쯤은 이미 알고 있다. 네가 말하는 것은 모두 속임수이고 거짓된 쓰레기일 뿐이야. 그러니 썩 꺼져라!

공자가 겨우 살아 돌아와 유하계에게 탄식하며 이렇게 말했습니다.

공자: 공연한 짓을 했지. 앞뒤 가리지 않고 달려가서 섣불리 호랑이 머리를 만지고 수염을 뽑으려다가 하마터면 잡혀먹힐 뻔했다네.

04

어부漁父

공자가 69세가 되던 해, 범상치 않은 어부를 찾아가 제자의 예를 갖춰 절하고 가르침을 청한다. 어부는 공자에게 '멋대로 예악禮樂을 꾸미고, 인륜의 규범을 정하여, 민중을 교화하겠다'는 공자의 헛수고를 비판한다.

4.1 팔자八疵와 사환四患

어부: 사람들이 인간관계에서 저지르는 못된 버릇을 '팔자(八疵 8가지 병)'라 하고, 일을 하면서 우환憂患을 초래하는 네 가지 못된 행위를 '사환四患'이라 한다네.

팔자란 다음 여덟 가지를 말하는데 이를 명찰해야 하오.

① 자기 일이 아닌데도 쓸데없이 나서는 것을 '참견'이라 하고[총摠],

② 상대가 바라지 않는데도 구태여 말하는 것을 '잘난 체'라 하고[영佞],

③ 상대의 속셈에 맞춰가며 말하는 것을 '아첨'이라 하고[첨諂],

④ 시비를 가리지 않고 말하는 것을 '아부'라 하고[유諛],

⑤ 남의 잘못을 말하기 좋아하는 것을 '험담'이라 하고[참讒],

⑥ 친한 사람 사이를 갈라놓는 것을 '이간질'이라 하고[적賊],

⑦ 거짓으로 칭찬하며 골탕먹이는 것을 '간특奸慝'이라 하고[특慝],

⑧ 양쪽에 비위를 맞추며 이익을 취하는 것을 '음험陰險'이라 하네[험險].

우환을 초래하는 사환四患은 다음 네 가지를 말하오.

① 상식에서 벗어나는 큰일을 벌여, 공명功名을 추구하는 일을 '참람僭濫'이라 하고[도叨],

② 주제넘게 남의 영역을 침입하여 힘을 쓰는 것을 '탐욕'이라 하고[탐貪],

③ 잘못을 알면서도 고치지 않고, 충고를 들으면 더욱 심한 짓을 하는 것을 '패륜'이라 하고[흔很],

④ 남이 자기에게 동조해주기만을 바라는 것을 '교만'이라 하네[긍矜].

팔자를 없애고, 사환을 저지르지 말아야 민중을 교화할 수 있는 것이야.

4.2 그림자와 발자국

공자가 감동하여 탄식하며 말했다.

공자: 저는 노나라에서 두 번이나 쫓겨났고, 위나라에서 치욕을 당했

고, 송나라에서 위험을 당했고, 진과 채나라 사이에서는 사람들에게 포위되어 어려움을 겪기도 했습니다. 제가 무얼 잘못했기에 이런 치욕을 당했을까요?

어부: 〈가엾다는 듯이 공자를 바라보다가 표정을 바르게 하고는 말한다.〉

자네는 정말 그 까닭을 모르고 있군. 어떤 사람이 자기 그림자가 두렵고 발자국이 남는 것이 싫어서 그것을 버리려고 마구 달렸다는 이야기가 있어. 그런데 많이 뛰면 뛸수록 발자국은 더욱 많아지는 것이야. 그리고 빨리 달리면 달릴수록 그림자는 더욱 몸에 달라붙는 것이야. 달리는 속도가 느려서 그러는가 싶어, 쉬지 않고 더 빨리 달렸다는 것이야. 그러다가 힘이 끊겨 죽어버렸다는 이야기지.

……

이 사람은 그늘에 들어가면 그림자가 없어진다는 걸 몰랐고, 움직이지 않으면 발자국이 생겨나지 않는다는 걸 몰랐던 것이야. 정말 어리석은 사람이었어.

그런데 자네도 마찬가지야. 인과 의에 빠져서 그것들의 특성을 밝히고, 사물의 움직임을 관찰하고, 받고 주는 것의 정도를 재고, 좋고 싫은 감정의 원인을 살펴보고, 기쁘고 슬픈 것의 절도를 조화시켜보려고 하지 않는가?

……

자네는 그런 것보다는 수신하여 본성을 지키고, 명리는 다른 사람에게 돌려준다면 자네 몸에 누가 되는 것은 없을 것이 아닌가. 그런데 자네는 지금까지 수신을 하지 않고, 자신을 떠나 밖으로 돌아다니며 남에게만 요구한 것이 아닌가. 자신으로 돌아가 청정한 마음을 유지한다면 치욕을 당할 일이 없지 않겠는가?

05

천하天下

천하에 이름을 떨친 춘추전국시대 제자백가諸子百家의 주요 사상을 소개하고 평가한 중국 최초의 학술사상사다. '제자諸子'란 여러 학자들이라는 뜻이고, '백가百家란' 수많은 학파들을 의미한다. 태일太一과 천지신명天地神明 등 〈태일생수太一生水〉와 상통하는 용어들이 나온다. 학술적으로 귀중한 자료다.

5.1 도가道家

천하를 다스리는 방술(方術 방법과 기술)가는 아주 많습니다. 그들은 모두 자기의 주장이 최고라고 믿습니다.

옛날에 도가道家들은 이렇게 말했습니다.

『"道는 과연 어디에 있는가?"

"무소부재(无所不在 있지 않은 곳이 없음)다."

"신(神: 天의 혼, 양)은 어디에서 내려왔으며, 명(明: 地의 백, 음)은 어디에서 나왔는가?"

"성인聖人이 탄생하고 명왕明王이 출현하는 것은 모두 하나一: 道에 근원을 두고 있다."

하나[道]에서 떠나지 아니하는 사람을 천인天人이라 하고,
정령精靈에서 떠나지 아니하는 사람을 신인神人이라 하고,
천진天眞함에서 떠나지 아니하는 사람을 지인至人이라고 한다.

자연과 德과 道를 근본으로 삼아 만물의 변화이치를 미리 아는 사람을 일컬어 성인聖人이라 부른다.

인애仁愛로써 베풀고, 의리로써 시비를 가리고, 예절의 규범에 따라 행하고, 음악으로써 정서를 조화롭게 하며, 인자함이 난초와 혜초처럼 향기가 널리 퍼지는 사람을 일컬어 군자라 한다.

군자인 군주君主는 법도에 따라 지켜야 할 신분을 정하고, 관직의 이름을 지어 직무를 명시하고, 그의 행위를 검증하고, 1, 2, 3, 4와 같은 숫자 계산이 밝은지 그의 재능을 시험하고, 이상과 같은 방법으로 백관

百官의 서열을 정하며, 관료는 직무에 따라 일하게 하고, 백성의 의식衣食에 중점을 두고, 가축을 번식시키고, 곡식을 저장하고, 노약자나 고아와 과부를 위로하며, 모두가 잘살게 보살피는 것이 백성을 다스리는 방법이다.』

옛날 도가인 통치자들은 완벽했습니다.

신명神明과 소통하고, 천지의 자연 이치에 따르고, 만물을 화육하고, 천하를 조화롭게 하고, 은혜와 윤택함이 백성에게 고루 미치고, 도리에 밝아 법도가 분명하였으며, 크게는 육합六合: 천지 사방·사시四時·음양양의陰陽兩儀로부터 작게는 사물의 형상에 이르기까지 정밀하거나 거친 이치에 통달하여 그들의 영향력이 미치지 않은 곳이 없었습니다.

그들의 도술은 예악의 제도에서 명확히 나타나는데, 옛날 법전이나 전해 내려오는 사서, 그리고 수많은 기록물에 들어있지요. 그것은《시詩》·《서書》·《예禮》·《악樂》 중에도 남아있는데, 추로鄒魯 지방의 유학자들은 대부분 이를 훤히 알고 있습니다.

《시》는 정서나 뜻을,《서》는 세상사를,《예》는 행위를,《악》은 해화를,《역》은 음양의 변화를,《춘추》는 군신의 명분을 말하고 있습니다. 이런 글들이 세상에 전해 내려와 중국에서 가르쳐지고, 백가百家 학자들이 수시로 그 道를 논의하는 것입니다.

천하대란天下大亂으로 나라가 혼란에 빠져있는 때에는 성현들이 나타나지 않고, 도덕이 근본을 잃으며, 사람들이 근본을 제각기 해석하고 자기의 견해가 옳다고 생각합니다. 마치 이목구비가 각각 기능이 있지만, 서로 소통하지 못하는 것과 같지요. 이는 많은 기능공들이 각자 특기가 있고 때로는 유용하지만, 널리 통용되지 못하는 일곡지사(一曲之士 한구석만 아는 기사)와 같은 이치입니다.

그들은 천지의 美 상호조화를 무시하고 이를 갈라 쪼개어 만물의 이치를 분석하고 옛 성현의 덕성을 고찰할 뿐이며, 그들 중 천지의 美를 관찰하고 신명(神明 음양)의 특성을 잘 아는 사람은 드뭅니다. 그런 까닭에 안으로는 성인의 품성과 밖으로는 치세의 왕도가 밝지 못하고, 꽉 막혀있으며, 세상 사람들은 자기가 원하는 대로 행하고 그것을 스스로 방술이라고 하니, 참으로 슬픈 일입니다!

제자백가들이 나타나 각자의 길을 가고, 돌아오지 않으니, 필연적으로 道의 본 모습이 어그러진 것이지요! 후대의 학자들은 불행히, 천지美의 순수함과 성현들의 소박함을 볼 수 없게 되었고, 도술이 백가들에 의해 쪼개져 버렸습니다!

5.2 묵자墨子 : 승묵자교繩墨自矯

후세에는 사치하지 않고, 물자를 낭비하지 않고, 예법을 밝히지 않고, 인의를 규범으로 하여 수신하는 데 힘쓰도록[승묵자교 繩墨自矯] 준비하는 일이 지금 세상을 사는 사람들의 당면 과제입니다.

옛날에도 그와 같은 견해를 가진 학자가 있었는데, 바로 묵적(墨翟: BC479~381, 묵자)과 금골리(禽滑釐: 묵자의 제자)라는 사람입니다. 그들은 그러한 과제의 실천에 대단히 열성적이었습니다. 그들의 실천방법은 너무 지나쳐, 사람들이 받아들이기가 어려울 정도였지요. 《비악非樂》과 《절용節用》 두 편에는 살아 있을 때 노래를 부르거나 음악을 듣지 않으며, 상례喪禮에서도 상복을 입지 않는다는 글이 있습니다.

묵자는 널리 사람을 사랑하고, 서로 이익이 되게 하며. 평화로워야 한다고 주장하였고, 그의 학술은 외물에 대하여 화를 내지 않으며, 학문을 좋아하여 박식하다는 것을 보여주지요. 그러나 그의 주장은 선왕先王들과 달랐고, 예절과 음악을 심하게 비난했습니다.

〈중략〉

옛날 상례喪禮에는 귀천과 상하 신분에 따라 서로 다른 예의의 등급이 있었는데, 천자의 관은 겉으로 곽槨을 두르는데 모두 합쳐 7겹이었고, 제후는 5겹, 대부大夫는 3겹, 사士는 2겹이었습니다.

지금 묵자는 살아서 노래 부르지 않고, 장례에서도 상복을 입지 않고, 곽이 없이 세 치 두께의 오동나무 관만을 쓰는 것을 법도로 한다고 합니다.

〈중략〉

묵적이나 금골리의 뜻은 옳으나, 그 실행의 방법은 그렇지 못했습니다. 우왕처럼 장딴지의 살이 다 빠지고 정강이의 털이 닳아 없어질 정도로 엄격한 근로를 강조하면서 한편으로 모든 사람을 차별 없이 사랑하라는 겸애兼愛사상은 후세의 묵가들이 따라 하기가 힘든 일이었지요. 설령 그렇다 해도 묵자는 인간을 진정으로 사랑한, 천하에서 가장 훌륭한 사람이었습니다.

5.3 송견宋鈃과 윤문尹文

세속의 일에 끌려 피곤하지 않고, 외물로 허식을 부리지 않고, 남에게 구차한 소리를 하지 않고, 세상 사람들의 마음을 아프게 하는 일 없으며, 또한, 천하가 안정되어 백성들의 생명이 보전되고, 의식이 충족되기를 희망하는 가치관이 뚜렷한 사람이 있었습니다.

송견과 윤문이 그러한 사람이지요. 묵자의 사상과 통하는 사람들입니다. 그들은 인류 평등을 주장하고, 만물에 대해서도 편견을 버리고 마음으로 응대하라고 제창하고, 부드러운 마음으로 다른 사람을 맞이하여 조화의 바다 안에 포용해야 한다고 했습니다.

그들은 남이 나를 업신여겨도 모욕으로 받아들이지 말고, 서로 다투지 말아야 한다고 하며, 백성을 전쟁으로부터 해방시켜야 한다고 주장했지요. 그래서 천하를 주유周遊하면서 군주들을 만나 설득하고, 백성들을 깨우치려고 했습니다. 세상 사람들이 들으려고 하지 않아도, 그들의 노력은 지속되었습니다. 그들은 남을 위한 생각은 너무 많았고, 자신을 위한 이해타산은 너무 적었습니다[위인태다爲人太多, 자위태소自爲太少]. 그저 하루 세끼 밥 먹는 것을 만족해하며, 밤낮 쉬는 일이 없이 세상의 평화를 위해 자신을 희생하던 사람들이었지요.

5.4 팽몽彭蒙, 전변田駢, 신도愼到: 공이부당公而不党·이이무사易而无私

일을 공정하게 처리하며 파벌을 조성하지 않았고[공이부당公而不党],
일을 쉽게 처리하며 사심이 없었고[이이무사易而无私],
일을 합리적으로 처리하며 주관을 개입시키지 않았고[결연무주決然无主],
사물을 어떤 사려함이나 지략을 도모함이 없이 평등하게 대하였으며,
사물을 주관적으로 좋고 싫음의 감정을 개입시켜 선택하지 않았으며,
그들 모두가 함께 변화하고 발전하도록 노력한 사람들이었습니다.

팽몽彭蒙, 전변田騈, 신도愼到가 그러한 사람이었습니다. 이들은 모두 만물은 모두 같다[만물제동萬物齊同]는 사상을 지녔던 제나라 은사들입니다.

그들은 "하늘은 만물을 덮을 수는 있으나, 실을 수는 없다. 땅은 만물을 실을 수는 있으나, 덮을 수는 없다. 대도大道는 만물을 포용할 수는 있으나, 분별하여 기를 수는 없다."고 하였지요. 이처럼 만물은 각기 적응하는 부분이 있고, 적응하지 못하는 부분이 있는 것입니다. 그러므로 "특정한 부분을 선택하면 보편성을 잃고, 또 선택한 것을 가르치려고

하면 道에 이르지 못한다. 道는 모든 것을 포용하고 빠진 것이 없기 때문이다."라고 했습니다.

〈중략〉

5.5 관윤關尹과 노담老聃: 태일太一

만물의 근본道은 정묘하나 그 형체는 조잡한 것이며, 쌓을수록 욕심이 생겨 부족함을 느끼고, 비울수록 맑아져 신명神明이 머무른다고 보는 도가들이 있었지요.

관윤과 노담이 그러한 사람이었습니다. 이들은 유무상생有无相生의 학설을 건립하였고, 천지창생의 주체를 '태일太一'이라 했으며, 유약과 겸허를 표방하고, 마음 비움과 만물을 훼손하지 아니함을 강령으로 삼았습니다.

〈중략〉

5.6 장주莊周

적막하고 형적이 없고, 변화가 빠르고, 죽어있는지 살아있는지 천지신명과 함께 지내며, 황홀한 곳에서 와서 황홀한 곳으로 가며, 만물을 망라하고 있음에도 오히려 돌아가 쉴 곳이 어딘지를 모르는 도가가 있었습니다.

그 사람이 장주莊周였지요. 그는 상식에서 벗어난 논설, 황당한 말, 끝없이 꼬리를 물고 늘어지며 응대하는 말, 때때로 방임하면서도 중심을 잃지 않는 말을 유려하게 펼쳤으며, 한쪽만을 보고 말하지 않았습니다.

그는 세상이 혼탁한 수렁에 깊게 빠져있어, 올바른 말이 통하지 않음을 알고 가벼운 말로써 자유롭게 말하고, 고인古人의 말을 빌어서 다시 말함으로써 듣는 사람들이 진실하게 믿도록 하였고, 때로는 어리석어 보이는 말로써 보편적인 진리를 말하고, 홀로 천지 혼령의 세계를 출입하면서도 만물을 오만한 눈으로 보지 않았고, 시비를 추구하지 않으며, 세속에 몸을 두었습니다.

그의 책은 규모가 방대하고 기특하나 세상을 원활하게 하려는 것이고, 사리에서 벗어나지 않았으며, 언사가 변화무쌍하고 기이하며 해학이 넘칩니다. 내용도 충실함이 넘쳐나는데 위로는 조물주와 노닐고, 아래로는 생사를 초월하고 시작과 끝이 없는 지우至友들과 벗하는 이야기들입니다.

道의 근본을 말하면 광대하고 심원함이 끝이 없는 것이라 하겠고, 道의 중심내용을 말하면 음양의 조화가 알맞아 극점에 이르러 순환함인데, 이렇게 변화를 영원히 지속하더라도 도는 마르지 않으며 도의 근본에서 벗어나지 않습니다. 道야말로 그윽하고도 황홀하며 그 끝을 헤아릴 수가 없는 것입니다.

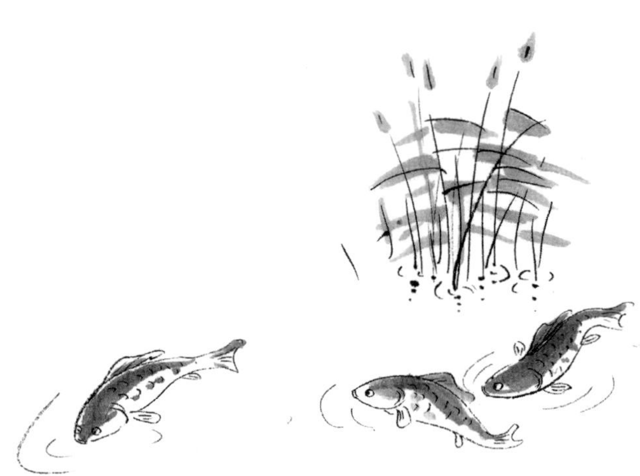

맺는 말

현대인은 자유라는 두렵고도 무거운 짐으로부터 도피하여, 강자에게 자발적으로 동조하거나 복종하며 살아가려고 합니다. 다시 말해 자신의 본성과 자유를 기꺼이 내던져 버리고 닭처럼 닭장 안으로 스스로 들어가 불안하지 않게 살려고 합니다.

우리의 역사를 돌아보면, 1637년 1월 인조가 삼전도에서 청 태종에게 항복한 그날로부터 지금까지 거의 400년이 다되도록 주권 없이 '자발적 노예'로 지내온 셈입니다. 대한제국 시절의 첫 10년 정도를 제외할 수 있을까. 그때 진짜로 독립한 줄 알고 독립문도 세웠지요. 우리는 그런 부끄러운 사실과 마주치기를 피하려고 합니다.

1974년 당시 대통령은 육사 30기의 졸업식장에서 당당하게 자주국방을 외쳤지요. "우리의 국방을 남에게 의존하던 시대는 이미 지나갔습니다. 우리 땅과 우리의 조국은 우리가 지켜야하고, 우리의 운명은 우리 스스로의 힘으로 개척해나가야 합니다." 〈1974.3.29. 육사 제30기 졸업식장 화랑대에서 대통령 박정희〉

그리고서 40년이 지난 지금, 사대주의가 골수에 박힌 자들은 우리가 이 땅의 주인이 되어 우리의 운명을 스스로 결정할 힘이 부족하니까, 자주국방을 미루고 '도피자유Escape from Freedom'를 구가하면서 편히 살자고 주장합니다. 이는 한반도의 반쪽 웅덩이에서 간신히 숨을 쉬는 물고기처럼 파닥거리며 살자는 말이니, 참으로 파렴치한 일입니다.

당나라 때 의현선사義玄禪師는 '어디든지 자신이 주인 노릇을 하면 그곳이 바로 천국〈수처작주隨處作主, 입처개진立處皆眞〉'이라고 법담을 했지요. 장자는 〈양생주〉에서 '내 생명을 잘 살리는 길은, 남에게 의지하는 삶이 아니라 내가 내 생명의 주인이 되는 자유로운 삶'이라고, 들녘의 꿩에 은유하여 말하고 있습니다. 민족의 생명도 마찬가지지요. 우리가 이 땅의 주인 노릇을 해야지 통일의 꽃을 피울 수 있습니다.

몇 년 전 압록강 강변에서 무심코 흐르는 강물을 보다가 읊조렸던 이현주의 시가 새삼 떠올랐습니다.

"남한강은 남을 버리고 북한강은 북을 버리고 두물머리 너른 들에서 한 강 되어 흐르네"

그런데 압록강은 아무것도 버린 것 없이 혼강을 통째로 삼킨 채 쉼 없이 도도하게 흘러갑니다. 어느 강이든 강물은 스스로 자기 생명의 주인이 되어 바다를 향하여 흘러갑니다. 바다는 자유가 넘쳐나는 곳입니다.

장자이야기
나비에서
꿩으로

초판 발행 | 2015년 9월 23일
1쇄 인쇄 | 2015년 9월 16일

저자 | 양방웅

펴낸이 | 고봉석
책임편집 | 곽선정
캘리그라피 | 이규복
일러스트 | 권세혁
편집디자인 | 이경숙
펴낸곳 | 이서원
주소 | 서울시 서초구 신반포로 43길 23-10 서광빌딩 3층
전화 | 02-3444-9522
팩스 | 02-6499-1025
이메일 | books2030@naver.com
출판등록 | 2006년 6월 2일 제22-2935호
ISBN | 978-89-97714-54-4

·잘못된 책은 바꿔드립니다. ·책값은 뒤표지에 있습니다.

이 도서의 국립중앙도서관 출판예정도서목록(CIP)은 서지정보유통지원시스템 홈페이지(http://seoji.nl.go.kr)와 국가자료공동목록시스템(http://www.nl.go.kr/kolisnet)에서 이용하실 수 있습니다. (CIP제어번호 : CIP2015025019)